EDITION MARITIM

GRUBE / RICHTER

DAS GROSSE BUCH DER
GORCH FOCK

EDITION MARITIM

Die Deutsche Bibliothek – CIP-Einheitsaufnahme

Das grosse Buch der Gorch Fock / hrsg. von Frank Grube und Gerhard Richter. – 5., überarb. und erw. Aufl. – Hamburg: Ed. Maritim, 1998
ISBN 3-922117-06-6
NE: Grube, Frank (Hrsg.)

5. Auflage
ISBN 3-922117-06-6

Raboisen 8, 20095 Hamburg

Design:
Jan Buchholz und Reni Hinsch, Hamburg
Druck und Bindung: Westermann Druck Zwickau GmbH, Zwickau
Zeichnungen auf den Seiten 196 bis 198 aus: Schiff und Hafen, H. 4, 11 Jg. 1959, S. 290, 291; mit freundlicher Genehmigung des Seehafen-Verlags Erik Blumenfeld, Hamburg sowie Blohm & Voss AG, Hamburg
Abdrucke des Beitrags Gorch Fock: Seefahrt ist Not! mit freundlicher Genehmigung des M. Glogau Verlags, Hamburg

Fotos (Verweise nach Bildnummern)

Rudolf Alert, Hamburg: 85, 86, 87, 88, 89, 94, 95, 96
Nils Bahnsen, Hamburg: 11, 119
Peter Behrendt, Steinkirchen: 99
Hannes Betzler, Hamburg: 69, 73, 120
Blohm und Voss, Hamburg: 22, 23, 24, 26, 27, 28, 29, 117
Peter Brammer, Hamburg: 10, 118, 126
Peter Brunner, Hamburg: 150
Heiko Diesenberg, Bokhorst: 42, 122
Hans Engel, Marburg: 51, 52
Hans Engel/Larsson, Hamburg: 47, 49, 50
Wolfgang Erhardt, Kiel: 20, 30, 32, 33, 35, 39, 41, 45
Wolfgang Erhardt/Wallrodt, Kiel: 21, 25
Kai Greiser, Hamburg: 155
Werner Günther, Kiel: 141, 143
Hamburger Abendblatt/Gunnar Brumshagen, Hamburg: 40
Heinrich Hecht, Hannover: 154
Nickels Peter Hinrichsen, Kiel: 136
Volker Hogrebe, Trappenkamp: 156, 157, 159
Hans Höltke, Kiel: 1, 3, 4, 5, 125
Lothar Hoppe, Kiel: 123, 124, 127, 128
Interfoto Friedrich Rauch, München: 10
Matthias Jankowiak, Mainz: 153, 158
Keystone Press, London: 34
Ernst Korbjuhn, Eckernförde: 77, 78, 80, 81, 82, 83, 110
Friedrich Krügler, Hamburg: 36
Edith Lockenvitz, Seevetal: 116
Peter Lohmeyer, Schleswig: 2, 6, 7, 8, 14, 15, 16, 18, 68, 70, 74, 75, 76, 79, 103, 104, 105, 106, 107, 108, 109, 111, 112, 113
Michael Ludolf, Hamm: 145, 146
Marineamt/Bildstelle der Marine, Wilhelmshaven: 53, 64, 71, 72, 84, 142, 151
Cees van der Meulen, Heemstede: 48
H. Meyer-Pfundt, Garlsdorf: 37, 46
Karl-Heinz Mietz, Velbert: 97, 98
Wilfried Moritz, Langen: 129
Uwe Muuß, Kiel: 9
Ulf Neelsen, Wilhelmshaven: 133
Reiner Nerlich, Hamburg: 100, 101, 131, 132, 134, 135, 137, 147
Nordsee-Zeitung, Bremerhaven: 102
Franco Pace, Triest: Titelfoto, 160–165
M. Puls, Kiel: 144
Foto Renard, Kiel: 38
Hans-Jürgen Rößler, Bremerhaven: 115
Bernd Schmiel, Hamburg: 144
Immo v. Schnurbein, Kiel: 138, 139, 148, 149
Kurt Schwartz, Berlin: 152
Michael Teichmann, Hamburg: 140
Dr. Jan Wegner, Rostock: 166–175
Benno Wundshammer, Rottach-Egern: 17, 19 (Archiv), 54–67
Yacht Photo Service, Hamburg: 121, 130
Thomas Zimmermann, Köln: 12, 13

Printed in Germany 1998

Inhalt

Editorial

Die große Zeit der Windjammer ist vorbei. Während noch zu Beginn unseres Jahrhunderts diese stolzen Schiffe die Weltmeere beherrschten, sind es heute nur noch wenige Schulschiffe, die unter vollem Tuch den Routen des Windes folgen. Eine große Ära ist zu Ende gegangen.
Nie wieder werden wir miterleben, wie sich ein Fünfmastvollschiff über die Kimm schiebt, wie der schlanke Rumpf sichtbar wird, wie ein solch grandioses Schiff näher und näher kommt und mit Anmut und Grazie an uns vorüberrauscht. Es muß ein wahrhaft majestätischer Anblick gewesen sein!
Doch die Zeiten und damit auch die Schiffe haben sich geändert. Die GORCH FOCK dient nicht mehr dem Austausch von Gütern, dem Transport von Salpeter oder Weizen, sondern der Ausbildung junger Menschen zum Seemann und Soldaten. Wenn es »outward bound« heißt, dann geht es für mehrere Wochen hinaus auf die See und in fremde Länder, um 100 bis 150 Offizier- oder Unteroffizieranwärter vertraut zu machen mit der See, dem Wind und den Wellen.
Auf engstem Raum leben sie zusammen, in Hängematten schlafen sie. Elektrisches Licht ist an Bord, eine gut eingerichtete Kombüse versorgt Mannschaften und Offiziere, modernste navigatorische Hilfsmittel stehen zur Verfügung — ein wahrer Palast gegen die engen, feuchten, unbeheizten Rahsegler.
Und doch verspüren wir auch heute noch einen Hauch jener harten Zeiten als es noch um Kap Hoorn ging und die Männer bei eisiger Kälte auf die Rahen mußten. Dieses Buch will von der Ausbildung an Bord berichten und die Funktion der GORCH FOCK beleuchten. Vom Bau der Bark, über den Stapellauf bis zum Ende der letzten Ausbildungsreise, wird in Text und Bild der Werdegang dieses Schiffes nachgezeichnet.
Ohne die Unterstützung vieler, die an Bord der GORCH FOCK Dienst taten, wäre dies nicht möglich gewesen. Unser Dank gilt aber vor allem den Kommandanten Erhardt, Engel, Lohmeyer, von Witzendorff, von Stackelberg und Wind, die durch zahlreiche Anregungen und Ratschläge die Konzeption des Bandes mitgeprägt haben.
Mit Gorch Fock wünschen wir dem Schiff: »Nun wölbt euch, große, braune Segel, nun knarrt ihr Gaffeln, schlagt, ihr Schoten, tanz, Flögel! Du Wind mußt wehen, du Sonne mußt lachen, du Wasser mußt blinken . . . !«

Frank Grube — Gerhard Richter

Botschafter in Blau

Als die Bundesmarine 1956 aufgestellt wurde, mußte auch die Entscheidung getroffen werden, in welcher Form und auf welchem Schiffstyp die seemännische Grundausbildung des Nachwuchses durchgeführt werden sollte. Der Führungsstab entschied sich für den Bau eines Segelschulschiffes.

Der Auftrag der GORCH FOCK ist seit der Indienststellung unverändert: Offizieranwärter und seemännische Unteroffizieranwärter erhalten in zwei- bzw. dreimonatigen Lehrgängen ihre seemännische Grundausbildung.

Im einzelnen sollen die jungen Soldaten an Bord der GORCH FOCK

— mit der See, mit Wind und Wetter vertraut gemacht werden, d.h. mit den Naturelementen, mit denen sie sich auch später an Bord der hochtechnisierten Kampfeinheiten der Marine auseinanderzusetzen haben;

— die Grundlagen der Seemannschaft und der Navigation erlernen und mit der Routine an Bord bekannt gemacht werden;

— während einer Ausbildungsreise die Möglichkeit erhalten, fremde Länder und Völker kennenzulernen und dabei die Bundesrepublik Deutschland zu repräsentieren und

— Charaktereigenschaften sowie Gemeinschaftssinn entwickeln und festigen.

Seit Indienststellung sind allen Berufsoffizieranwärtern und einem Großteil der Zeitoffizier- und seemännischen Unteroffizieranwärter auf der GORCH FOCK die Seebeine gewachsen. Insgesamt wurden über 7800 Soldaten in diesem Zeitraum ausgebildet. In über 60 Reisen hat das Schiff rund 330000 Seemeilen zurückgelegt. Es wurden mehr als 150 Häfen in Europa, Nordafrika, Nord- und Südamerika, Westindien und auf den nordatlantischen Inseln angelaufen.

Bei allen Auslandsreisen haben Schiff und Besatzung in den besuchten Ländern einen guten Eindruck hinterlassen und als Botschafter in Blau die Marine und unser Land würdig vertreten.

Seit 1969 hat die GORCH FOCK regelmäßig an allen Großseglerregatten der Sail Training Association teilgenommen und bei allen Rennen gut abgeschnitten.

Insbesondere auch bei diesen großen Windjammertreffen wurden mit den jungen Menschen aller teilnehmenden Nationen Bande des Verstehens, der gegenseitigen Anerkennung und Achtung geknüpft und damit zum Aufbau von Freundschaften über Ländergrenzen hinweg beigetragen.

Horst Helmut Wind

Gorch Fock

Gorch Fock: Seefahrt ist Not!

Der alte Regenwind, der Südwest, war Baas auf der See. Graue Wolken, eine noch grauer als die andre, trieb er über den Heben.
Klaus Mewes und sein Junge, die die Wache hatten, steckten unter den Südwestern tief im Ölzeug und ließen den Regen auf sich niederströmen. Sie fischten beim Weserfeuerschiff auf 22 Faden. Der Ewer arbeitete stark in der schweren Dünung und schlug trotzig und gereizt mit den leckenden Segeln gegen die Wolken. Mehr und mehr frischte der Wind auf, die Seen krönten sich mit Schaum, und das Wetterglas fiel tiefer und tiefer.
Klaus beschloß deshalb, den Streek den letzten zu taufen und treiben zu lassen.
»Intehn, intehn!« sang Störtebeker, und Kap Horn und Hein Mück kletterten aus ihren Kojen und kamen an Deck. Sie zogen ein und freuten sich, als sie den Steert an Deck hatten, denn es wurde immer windiger, und der Ewer stampfte und rollte stärker als zuvor, nun ihm der Halt des schweren Netzes mangelte.
Schollen, Zungen und Steinbutt, meist kleines Zeug, klatschten auf das Deck. Störtebeker und Hein Mück zogen die Fock auf und machten sich mit dem Knecht über die Fische her, Klaus aber nahm das Ruder und steuerte.
Als keinerlei Aussicht war, daß das Wetter sich so bald ändere, dachte er hinter Wangerooge zu flüchten, dann aber besann er sich und hielt nach der Elbe hinüber, um zwischen den Baken bessere Gelegenheiten zu erklüsen.
Gischt und Regen waren die Fahrtgenossen des Ewers, der vor dem mächtigen Druck der Segel durch das hohle Wasser schäumte wie ein Dampfer und manchen Spritzer überkriegte.
Die paar Petermännchen, Knurrhähne, Rotzungen, Rochen, Kleiße, Steinbutte, Taschen und Zungen waren bald verarbeitet. Dann spülten sie das Deck rein. Hein ging in die Kombüse, um Klöße zu braten und Kaffee zu brauen, Kap Horn aber blieb oben, sah Luken und Boot genau nach und packte alles in den Raum und die Plicht, was drift gehen konnte, denn es wollte schon dämmern, und niemand konnte wissen, was die Nacht noch brächte.
Die Elbe war weit weg.
Sie konnten keine halbe Meile weit sehen, so diesig und unsichtig war die Luft. Der Wind wehte flagiger und stoßweiser als vorher und lief raumer. Sie segelten schon platt vor dem Laken, und die hohen Wogen liefen ihnen nach wie geifernde, hungrige Wölfe: eine große Gefahr für Boot und Segel. Aber der Laer-

tes, der kühne Schwimmer, hielt kraftvoll den Kopf oben und ließ sich weder begraben noch aus dem Kurs werfen. Störtebeker stand geruhig bei seinem Vater, ohne Bangigkeit, und half das Neuwerker Feuer suchen. Wenn die Luft nicht so dick gewesen wäre, hätten sie es längst in Sicht haben müssen.
Da weist Klaus Mewes nach Norden, wo urplötzlich eine blauschwarze Wolkenwand wie ein gewaltiges Gebirge aus der See steigt. Mit unheimlicher Schnelligkeit fährt sie in die Höhe und verbreitet sich mit unfaßlicher Macht über den griesen Heben. Wetterleuchten, grelle Blitze und dumpfe Donnerschläge sind das nächste.
»Nu gifft wat!« ruft Kap Horn.
»Gläuf ik ok!« antwortete Klaus Mewes, »goh no binnen, Störtebeker!«
»Worüm, Vadder? Ik bün ne bang, lot mi man hier blieben!«
»Ne, du müßt dol, Klaus, du speulst uns ober Burd! Goh gau no nerden un lot Hein de Kapp toschuben un blieft beid inne Koi, bit wi jo wedder ropt!«
Störtebeker sieht seinen Vater an, dann sagt er: »Jo, Vadder!« und geht nach unten, denn er weiß, daß man dem Schiffer gehorchen muß und wenn man's auch zehnmal besser wüßte.
»Bang bün ik ober keen betjen, Vadder«, ruft er noch vom Großmast, dann verschwindet er und verklart Hein Mück die Sache, der aber ruhig weiter brät und meint, es würde ja wohl nicht so schlimm werden.
Die beiden Fahrensleute oben erwarten den Sturm. Zu sprechen brauchen sie darüber nicht, denn sie fahren lange genug zur See, um zu wissen, was die große Wolke zu bedeuten hat. Kap Horns Züge sind wie aus Holz geschnitten, des Schiffers Gesicht aber ist wie aus Erz gegossen: niemand sähe es beiden an, daß sie so fröhliche Menschen sind und so gern lachen.
Sie wissen, was geschehen wird: dennoch aber haben sie ein so jähes Umlaufen, ein so blitzschnelles Umspringen des Windes noch nicht erlebt und einen so furchtbaren Wirrwarr des Wassers auch noch nicht. Der Südwest hat ausgeweht: mit einer schweren Hagelflage in den Armen fegt ein eisiger Nordwest heran, trommelt und pfeift auf der See und wirft sich mit Ungestüm auf den Ewer. Unmittelbar darauf springt der Wind wieder um: Nord! Und noch kein Besinnen! Abermals dreht er sich: Nordost, Nordoststurm. Nun wahr dich, Ewer, nun wehr dich, Klaus Mewes!
Die See, die See!
Wie gischt und schäumt sie! Sie kocht!
Wie ein Amokläufer geht der Nordost die Sache an. Er faßt die schweren, langsamen Seen des Südwestens beim Schopf und dreht sie geradezu um. Furchtbar bearbeitet er sie mit seinen Fäusten, daß sie wild durcheinander laufen.

Spielball der brüllenden See

Dat ward een beuse Nacht for mannich lütj Schipp, dat noch buten is, will Kap Horn noch sagen, aber er kommt nicht mehr dazu, denn der Ewer ist mitten in diesen Sturm und Aufruhr hineingeraten! Wie wild kommt der Sturm über den kleinen Fischerewer! Erst springt er ihn an, wie der Löwe ein Schaf, als wolle er ihn gleich beim ersten Anlauf kopfheister werfen. Als ihm das nicht gelingt, legt er sich so hart auf die Segel, daß sie den Ewer platt aufs Wasser drücken und er zittert und bebt, als könne er sich nicht wieder aufrichten. In der Kajüte purzelt Hein gegen den

Ofen und Störtebeker gegen die Dielentür, an Deck aber klammern Schiffer und Knecht sich an die Wanten, um nicht über Bord zu spülen. Dann geht Klaus dem Raubtier zu Leibe, das ihn überfallen hat. »Fock dol!« gellt seine Stimme durch den Lärm. Kap Horn turnt nach vorn und reißt sie herunter. »Seil dol!« schrillt es. Der Schiffer kettet das Ruder an und stürzt nach den Fallen.

Rumms! Rumms! Dröhnend wirft der Sturm den Giekbaum gegen das Boot und zerschlägt diesem Duchten und Dollbaum, er hebt ihn wieder und rammt fürchterlich auf das Deck. Kap Horn wäre getroffen und getötet worden, wenn Klaus ihn nicht beiseite gerissen hätte. Wieder ein harter Windstoß — da ein scharfer Knall: über dem zweiten Reff ist ein großes Loch in das Großsegel gerissen. Gau, gau, Klaus Mewes, oder dat ganze Seil geiht innen Dutt!

Schon meinen sie, es geborgen zu haben, da greift das wilde Tier noch einmal danach, zwängt sich mit aller Gewalt hinein und schwenkt es als seine Fahne, dann aber gelingt es ihnen, es niederzuholen. Wütend heult der geprellte Sturm durch die Wanten, an denen es nichts zu beißen gibt, dann aber gewahrt er das Achtersegel, das noch steht, er macht einen krummen Buckel — und in Fetzen zerrissen fliegt die dunkle Besan in die Winde. Zwar ist der Ewer wieder aufgestanden, aber er ist jetzt ohne Segel und gehorcht nicht mehr dem Ruder. Er ist ein Spielball der brüllenden Seen.

Vor Topp und Takel lenzend, dümpelt und scheistert er in der wilden Dünung, und die hohen Seen rollen über ihn hinweg.

»Dor is en Licht!« ruft Kap Horn und weist über den Steven. Klaus blickt nach der bezeichneten Richtung und sieht ein Licht auf der See, hell und tröstend. Ein unerschrockener, unauslöschlicher Weiser, reißt dort das Elbfeuerschiff an seinen Ketten. Aber in welchem Kompaß? Klaus peilt und als er »Nordost« ruft, da schüttelt der alte Matrose ernst den Kopf und sieht ihn an, denn ein Ankreuzen gegen den Sturm ist mit dem Loch im Großsegel und ohne die Besan ein Ding der Unmöglichkeit. Die Elbe ist nicht zu erreichen.

Den Ewer treiben lassen, geht aber auch nicht an, denn sie haben keinen Platz: die gefährlichen Sandbänke der Westertill sind in bedrohlicher Nähe, und der Sturm muß sie gerade dahin werfen, wenn sie noch lange zögern. Es hilft nichts: sie dürfen es nicht mehr mit ansehen, sie müssen handeln. Zurück müssen sie, zurück nach der Weser!

Wo ist dein Lachen geblieben, Klaus Mewes? Warum singst du nicht, der du doch sonst im Sturm gesungen hast? Denkst du deines Jungen? Der sitzt warm im Bauch des Ewers und lacht aus der Koje: So geiht he god! — und obgleich Hein Mück ihn stören will und sagt, es sei nichts Genaues, bleibt er fröhlich und lacht sorglos: »Vadder ist jo boben!«

An Deck ist das Halsen glücklich gelungen. Gezogen von der halb aufgeholten, angebundenen Fock und dem als Sturmsegel gesetzten kleinen Klüver am Großmast, geschoben von den immer größer und ochsiger werdenden Seen, wühlt der Ewer sich durch das kabbelige Wasser.

Südwest liegt an.

Es ist eine böse Gelegenheit, denn Hagelschauer und Regenflagen benehmen alle Sicht. So weit sie sehen können, ist kein Licht zu erblicken: sie sind allein auf der See. Ihr Zeug ist durchnäßt, denn die Seen laufen über den Setzbord, wie sie wollen.

Die Frau am Deich! In Klaus Mewes ist alles aufgestanden, nichts schläft oder träumt in ihm, alles wacht. Wie der Deich bei der Sturmflut schwarz ist von Menschen, so hat er seine Gedanken auf dem Haufen: taghell sind alle Stuben und Kammern beleuchtet, und über die Treppen eilen die aufgejagten Diener.

Die Seen werden hohler und hohler, und donnerartiger klingt ihr Lärm, wie aus der Tiefe gequollen. Klaus will ihm erst nicht glauben, bis er sich dermaßen verstärkt, daß er es muß. »Lot ut!« ruft er dann jäh und reißt das Blei aus dem Nachthaus. Der Knecht peilt die Tiefe.

»Fief Fohm!«

»Denn sünd wie uppe Grünnen!«

Fünf Faden Wasser nur! Wie weit sind sie abgetrieben! Sie sind in leeger Wall! Bis jetzt ist alles Spiel gewesen, verglichen mit dem Ernst, der nun kommt!

Auf Leben und Tod

Klaus Mewes fühlt sich von kalten, eisernen Fäusten gepackt, die ihn erdrosseln wollen. Gefahr! gurgelt das Wasser, Gefahr! braust der Sturm, Gefahr! schreit der Ewer. »Nu geiht op Leben und Dot«, ruft der Knecht.

Klaus aber verkettet das Ruder und grölt: »Seil upsetten!« denn er will sich nicht geben. Mit großer Mühe setzen sie das Sturmsegel am Besansmast, binden das dritte Reff an und ziehen das Großsegel halb auf und geben der Fock etwas mehr Bott. Der ringende Ewer luvt auf und legt sich dwars in die schweren Seen. Urgewaltig wird der Kampf mit Wind und Wasser, verzweifelt wehrt der kleine Menschenewer sich gegen die beiden Großen, die ihn tot machen wollen. Mit unbeschreiblicher Wildheit und Wut branden die Seen ununterbrochen über den Setzbord, daß das Deck ein Wasser ist, die Segel wie Dachrinnen lecken und die Spritzer bis zum Flögel fliegen. Wenn einer der großen Unsulten von Sturzseen gigantisch und eisern heranwuchtet, duckt der Ewer sich wie ein Bulle und nimmt sie von Steuerbord über, richtet sich hoch und steil auf und schüttelt sich nach Backbord ab. Dann duckt er sich wieder, ein Wal im Kampf mit Schwertfischen, die von allen Seiten auf ihn eindringen. Wehr dich, Ewer!

Kap Horn, halt aus! Denk an die Stürme im südlichen Atlantik, an den düsteren Felsen, nach dem du genannt bist und laß die Kette nicht los! Steh fest auf dem glatten Deck, laß dich nicht über Bord spülen! Denk an die vielen Hochzeiten, zu denen du noch mit deiner Harmonika aufspielen sollst!

Klaus Mewes, du Leu von Finkenwärder, der du immer in der ersten Reihe gestanden hast, muß ich dich aufrufen? Nein — das braucht es nicht: da steht er am Ruder, im zerrissenen Ölrock, naß wie ein Kater, knietief im Wasser, und wankt und weicht nicht, er hält den Ewer, er hält ihn! Damit er nicht über Bord schöle, hat er sich mit einem Tauende festgebunden. So steht er da, ein ganzer Seemann, ernst und wachsam, und späht durch Nacht und Regen nach Land und Feuern.

Zeit gibt es nicht mehr, es gibt nur noch Sturm! Wer will wissen, ob es Minuten oder Stunden sind, die sie durchleben, bis an Steuerbord ein Licht erscheint? »Rodensand!« ruft der Knecht, aber der Schiffer schüttelt ungläubig den Kopf. Da taucht neben dem hellen Licht ein schwächeres auf, und er muß glauben, was er erst nicht glauben wollte, weil er sich nicht denken konnte, daß sie so weit abgetrieben sein könnten: das Licht voraus ist

das Feuerschiff Bremen! Sie müssen hoch auf dem Trocknen sein!
Hastig knotet er sich los und wirft das Lot! Er wirft es zum zweiten Mal, denn es kann ja nicht sein, die Leine muß gehakt sein! Aber es bleiben drei Faden.
»Dree Fohm! Dree Fohm! Dree Fohm!« ruft er durch den Sturm. »Hest hört, Kap Horn?« grölt er, als er keine Antwort bekommt.
In diesem Augenblick schiebt Störtebeker, dem die Zeit zu lang wird, die Kapp auf, um auszugucken: da schlägt ihm die See dermaßen ins Gesicht, daß er das Gleichgewicht verliert und holterdipolter die Treppe hinuntersaust. Er krabbelt sich aber gleich wieder auf, schiebt die Kapp zu und sagt zu Hein, der ihn ungeachtet seiner Bangigkeit auslacht: »Junge, dat do ik ne wedder, Hein! Wat hebb ik een kregen! Meist, as wenn Vadder mi en fixen Backs geef!«

Sie müssen durch!

Kap Horn schweigt noch immer.
Er denkt nach. Soll so nun seine letzte Reise aussehen? Soll das die letzte Fahrt sein? Soll der Tod, der ihn auf den Weltmeeren nicht fassen konnte, ihn nun hier im Wattenwinkel, im seichten Priel erwischen? Es kann so sein, und wenn es so sein soll, dann ist es auch gut, denn es bleibt ja immer ein Seemannstod. Die heilige, unerschütterliche Ruhe des Todgeweihten kommt in sein Herz. Der alte Janmaat will und kann sich nicht klein machen. Er kann sterben — ob Klaus es auch kann? Er sieht ihn an.
»Dree Fohm bloß noch!«
Klaus Mewes guckt in die Kirche von Finkenwärder hinein, er sieht, wie die Köpfe sich tiefer auf die gefalteten Hände senken, er hört, wie Bodemann sagt, daß Fürbitte zu tun sei für drei Brüder, die seit zwei Wochen vermißt würden. Und sein schönes Haus sieht er, die bunte Haustür und die Bank unter den Linden: die Bank aber ist leer, und die blanken Fenster, in denen sich sonst die Elbe von Nienstedten bis Schulau spiegelte, sind dicht verhängt. Und die Tür ist zu: der Hahn und die Hühner stehen unruhig davor und warten vergeblich auf ihr Futter.
Das ist ein Augenblick, dann verweht der Sturm es. Schiffsrat! Aber was ist da zu sagen? Nichts, denn was mit ihnen los ist, weiß der eine wie der andere: vor ihnen ist der gefährliche Brand der Tegeler Plate, sind die Brecher, die Sturzseen. Dahinein und dahindurch müssen sie, sonst bleibt ihnen nichts zu tun, als beizudrehen und zu versuchen, den Ewer so hoch als möglich auf das Watt zu setzen! Kommen sie behalten durch die Brandung, so ist das Schiff und Mannschaft geborgen, raken sie Grund, ist alles verloren. Flüchten sie wattenauf, so geht der Ewer in Stücke, aber sie können sich wahrscheinlich im Boot retten. Wahrscheinlich, denn eins ist so gefährlich wie das andere.
Kap Horn sieht starr nach Lee, wo die Feuer des Ewersandes auf den Watten stehen müssen, als wenn er damit sagen will: stranden und landen!
Klaus Mewes aber will seinen Ewer nicht verlassen. Er fühlt das Zittern und Beben des treuen Fahrzeuges und ist entschlossen, sich durchzuschlagen. »Nu hol di fast, Kap Horn!« ruft er gell.
Und hinein in die Brecher geht es! Hände reibend steht der Tod neben ihm auf dem Achterdeck und jauchzt: »Nu krieg ik di, Klaus Mewes, nu krieg ik di!« Aber der Schiffer hält das Ruder fest und läßt sich nicht er-

schüttern. Vor ihm tobt der Hexenkessel der Tegeler Plate: er hält darauf zu. Grauenhaft schallt ihm das Donnern und Zischen der Grundseen entgegen, die sich wild überschlagen — er verzieht keine Miene.
Gott im Heben — da stürzt die erste, große See wie ein wildes Tier auf das Deck und rollt über den Ewer weg, zertrümmert das Backbordschwert, reißt das Boot los und wirft es quer gegen die Winsch, wo es in der Klemme sitzen bleibt. Kap Horn stürzt auf die Luken. Das Nachthaus ist weg, sie sind ohne Kompaß. Ein Glück, daß sie Seemann vorher in die Kapp gestopft haben.
Klaus Mewes steht noch! Der Knecht springt auf, und der Ewer klüst weiter.
»Fastholen!«
Das ist eine menschliche Stimme, so schrill sie auch klingt. Die zweite Riesensee stößt wie ein Felsen gegen den Ewer und ergießt sich über das Deck, sie schlägt in die Segel, daß das Fahrzeug sich auf die Seite legt und umkippen will, und die Fahrensleute bringt sie zum Schwimmen. Aber sie lassen ihren Halt nicht los, und weil nicht gleich eine See hinterher kommt und den Rest gibt, vermag der Ewer sich noch nicht wieder aufzurichten.
Abermals fegt es heran, steigt plötzlich steil auf und schlägt furchtbar auf das Deck nieder, daß die Luken verlorengehen und der Ewer sich halb mit Wasser füllt. Da beginnen die Lohnen auf der Diele zu treiben, und Störtebeker und Hein Mück waten hinaus aus der Kajüte und klettern oben auf die Treppe, um sofort hinaus zu können, wenn etwas passieren sollte. Fest klammern sie sich an, damit sie nicht hinunterfliegen. »Junge, wat snuft dat langs!« ruft Störtebeker, »ober bang bün ik dorbi doch keen betjen!«
An Pumpen ist nicht zu denken: sie müssen sich festhalten! Sie müssen durch! Durch müssen sie! Sie sind mitten in der Brandung: schlimmer kann es nicht werden! Wenn nur die Segel nicht bersten, wenn nur das Ruder hält!
Wieder ein Brecher!
Auf der Reede von Blexen, dem oldenburgischen Weserdorf, das dwars von Bremerhaven liegt, ließen sie gegen Morgen den Anker fallen, peilten die Pumpen, pumpten das Gröbste heraus und krochen dann todmüde in ihre Kojen.

Gorch Fock

1

Eine Herbstreise: Wind und Sturm, Eis und Regen in der Nordsee — eine graue, grüne, blaue, weiße Wasserwüste. Die Fock muß geborgen werden (1).

Regenschauer bringen starke Sichtverschlechterungen. Die ersten Brecher steigen auf das tieferliegende Mitteldeck ein und setzen es mit einem solchen Schwall unter Wasser, daß die Männer Mühe haben, sich an den rechtzeitig gespannten Strecktauen an Deck zu halten (2). Gewaltig läuft die See von achtern auf, der Gischt zieht wie Nebelschwaden über die graue Wasserwüste. Als dann für Minuten die Sonne hinter den Wolken hervorkommt, liegt die vom Orkan aufgewühlte See da wie ein Gemälde (3, 4, 5)

6

Schwer arbeitet die GORCH FOCK in der Dünung. Mehr und mehr frischt der Wind auf, die Seen krönen sich mit Schaum und das Barometer fällt tiefer und tiefer. Das Schiff stampft und rollt immer stärker. Der Wind trommelt und pfeift auf der See (6,8), die Strecktaue werden gespannt (7). Unter vollen Segeln läuft die GORCH FOCK auf ihren Heimathafen Kiel zu. Ein faszinierendes Bild, das die Romantik der Zeit der großen Segelschiffe lebendig werden läßt (9)

7

10

11

12

13

Hafentage — Gelegenheit zur Pflege der liebgewordenen Details (11, 12, 13). Auch die Wache auf dem Achterschiff gehört dazu (10)

Dann geht es wieder hinaus auf See — dieses Mal in den Norden. Eines Tages schwimmen Eisberge, so groß und hoch wie mehrstöckige Häuser, um das Schiff. Langsam ziehen sie mit dem Ostgrönlandstrom nach Süden (14)

GORCH FOC

15

Die GORCH FOCK hat die stürmische Nordsee und Biskaya verlassen. Nun werden die schweren Segel abgeschlagen, zusammengerollt und verstaut. Die leichteren Passatsegel treten an ihre Stelle (15).
45 Meter ragen die Masten der GORCH FOCK über dem Wasser empor — eine Pyramide aus Segeln aus der Vogelperspektive (17). Masten und Segel werfen ihre Schatten auf die gleißende See, während die Bark nur wenig Fahrt macht. Ein Blick aus dem Mast auf die prall gefüllten Segel am Klüverbaum läßt erahnen, welche Überwindung es kostet, das erste Mal in die Wanten zu steigen (16). Und wenn dann der Sturm durch die Takelage heult und es »Enter auf« heißt, wird manch einer mit gemischten Gefühlen auf den Rahen auslegen (18)

16

Ein Schiff entsteht

Das sind sie also: die ersten Spanten und Platten in der Schiffbauhalle von Blohm & Voss in Hamburg. Die Spanten und Platten, die heranwachsen zu einem Schiff, das in Presse, Rundfunk und Fernsehen, aber auch im Parlament fast soviel Wirbel verursachen wird wie einst das Panzerschiff A.

Es ist entschieden, das Schiff wird gebaut, weil die Marine es braucht. Doch zwischen Baugenehmigung und Baubeginn liegt der Untergang der PAMIR — und nun regen und erregen sich die Gemüter.

»Ich bin entsetzt — wir brauchen eine norwegische Besatzung«, äußert ein Bundestagsabgeordneter. Wohlgesinntere meinen, das Schiff werde ja immerhin einen Motor erhalten — nicht wissend, daß der Motor nur zum termingerechten Einlaufen in einen Auslandshafen und zur pünktlichen Rückkehr zur Abschlußbesichtigung gut ist.

Die Bedenken konzentrieren sich schließlich auf die folgenden Punkte: Warum überhaupt ein Segelschiff? — Die Sicherheit des Schiffes — Die Befähigung der Besatzung? Bis zum Stapellauf der GORCH FOCK reißt die Diskussion nicht ab. Die Marine tut jedoch alles, um die Gemüter zu beruhigen: Es wird auf die besonders guten Stabilitätsverhältnisse, auf die unübertrefflichen See-Eigenschaften eines Großseglers, auf die neuartigen Rettungsmittel, die navigatorischen Hilfsmittel wie Decca und Loran, die Radaranlage und die Einschiffung eines Bordmeteorologen hingewiesen.

Besonders steht natürlich die Befähigung von Kommandant und Besatzung im Kreuzfeuer. Die Antwort: Der Kommandant ist bereits auf den Segelschulschiffen der Vorkriegszeit als Topps- bzw. als I. Offizier gefahren. Seine Zeit »vorm Mast« hat er auf der NIOBE absolviert. Der I. Offizier ist auf der PAMIR und als Kapitän auf der PASSAT gefahren. An Bord sind weiterhin Offiziere, die die Takelage in- und auswendig kennen, dazu befahrene Bootsmänner.

Wie man Schwimmen nicht verlernt, so verlernt man auch die Handhabung eines Schiffes nicht, wenn man das Wesen eines solchen Schiffes einmal in sich aufgenommen hat. Dennoch geht ein Teil der Besatzung für ein viertel Jahr zur »Auffrischung« an Bord des italienischen Segelschulschiffs AMERIGO VESPUCCI, ein anderer Teil auf das Vollschiff SCHULSCHIFF DEUTSCHLAND in Bremen und zu einer Segelmacherei in Glückstadt an der Elbe.

Viele offene Fragen

Die simpelsten Fragen sind zu beantworten: Warum muß ein angehender Seeoffizier Deck scheuern und Rost picken? Wird er dies später je wieder tun müssen? Nein, er wird es sicherlich nicht wieder tun, aber er muß wissen, was dazu gehört, ein Schiff in Stand zu halten. Alles was er in dieser Hinsicht in der Praxis nicht gelernt hat und demzufolge nicht weiß, kostet sehr viel Geld, denn dann muß eine Werft das tun, was eigentlich Aufgabe des Seemanns ist.
Für uns von der Baubelehrung ergeben sich viele Fragen: Wo gehört auf einem Großsegler ein Radargerät hin? Bringt es noch Ergebnisse, wenn ein regennasses Segel vor dem Radarschirm steht? Auf der AMERIGO VESPUCCI sahen wir uns eine brauchbare Anbringungsart an.
Wohin mit den Rettungsinseln? Sie haben nur Sinn, wenn der Aufstellungsort ein ungehindertes Zu-Wasser-bringen ermöglicht. Normalerweise sollen die Inseln, wenn man sie über Bord gibt, längsseits bleiben, damit eingestiegen werden kann.
Für den Fall »Mann über Bord« haben wir mit Hilfe der Herstellerfirma für zwei kleine Inseln am Heck des Schiffes eine Konstruktion vorgesehen, daß sich die Inseln ohne Zug der Reißleine öffnen, sich vom Schiff lösen und beim treibenden Mann bleiben. Es besteht immer die Gefahr, daß man den Überbordgefallenen im Seegang aus den Augen verliert — die Rettungsinsel aber markiert weithin sichtbar den Ort. Zudem werden neuartige Schwimmwesten ausgewählt.
Die Positionslaternen werden halbkardanisch angebracht, damit sie bei jeder Schräglage des Schiffes im richtigen Sektor leuchten.
In welcher Höhe müssen die Klampen an den Kutterdavits angebracht werden, damit Hand über Hand gefiert werden kann?
Sitzen in den Decks die Hängemattenhaken richtig? Es ist nämlich nicht schön, wenn der Seemann bei Schräglage des Schiffes die Kante eines Spindes im Kreuz hat. Auch die Gesundheit der Besatzung gehört zur Schiffssicherheit.
Die Marine beabsichtigte, das sogenannte Cafeteriasystem zum Essensempfang einzuführen. Dies würde eine völlige Umkonstruktion der Räumlichkeiten und die Verlegung der Kombüse bedeuten. Nachdem für die GORCH FOCK diese Absicht aufgegeben wurde, ging es um die Beschaffung des Eßgeschirrs. Wann stellen sie in Dienst? fragt man in Bonn. — Also noch viel Zeit. Aber die Werft hat keine Zeit, denn in den Geschirrspinden sind die Halterungen vorzusehen, und dazu muß man die Maße kennen. Es ist also noch allerhand Sand im Getriebe der Bundeswehr.
Weitere Probleme tun sich auf: So muß um geeignetes Schuhzeug gerungen werden, denn bei allen Vorteilen einer größtmöglichen Vereinheitlichung paßt eben das Schuhwerk eines Panzergrenadiers nicht für einen Seemann in 45 Meter Höhe auf dünnen Fußpferden beim Entern.

Das Schiff wächst heran

In den Messen müssen die Tische abschraubbar sein. Die Zeiten der alten Bordfeste mit Sofas aus Hängemattenkonstruktionen sind vorüber. Jetzt gibt es Cocktailpartys mit Stehkonvent — Einzelheiten gewiß, aber doch wichtige Kleinigkeiten, wenn später alles stimmen soll. Nur daran denken muß man eben rechtzeitig!

Inzwischen wächst das Schiff heran. Der Großmast wird eingesetzt und ein Glückspfennig daruntergelegt. Der Topp wird um einen Meter nach vorn gesetzt, um das Schiff weniger luvgierig zu machen — diese Erfahrung haben wir vom letzten Segelschiffsneubau vor dem Krieg gewonnen. Das bedeutet weniger Ruderlage und damit ein schnelleres Schiff.
Ein vorzüglicher Takelmeister steht mit großer Sachkenntnis zur Verfügung und Kilometer stehendes und laufendes Gut werden geschoren. Die Stammbesatzung ist mit im Gehölz und lernt dabei sehr viel. Bei Indienststellung stimmt die Takelage dann auch.
Die Glückstädter Segelmacherei hat aus englischem Tuch — in Deutschland waren diese Tuche nicht mehr aufzutreiben — gute Segel geliefert. Die Stammbesatzung hat beim Lieken und Nähen der Segel erheblich mitgearbeitet. Eine Takellure, ein für das Segelschiff typisches Signalgerät, muß in Norwegen gekauft werden.
Am 23. August 1958 ist schließlich Stapellauf. An die 10 000 Menschen haben sich auf dem Werftgelände von Blohm & Voss eingefunden. Rudolf Kinau — der Bruder Gorch Focks — hält auf Plattdeutsch die Taufrede. Ulli Kinau, die Nichte des Dichters, schmettert die Sektflasche gegen den Bug: »Ick däup di up den Nom Gorch Fock!« — eine denkwürdige Stunde und unter dem Heulen aller Schiffssirenen im Hamburger Hafen läuft das Schiff ab.
Bis zur Indienststellung ist noch viel zu tun. Wir identifizieren uns so sehr mit dem Schiff, daß wir mehr und mehr das Gefühl bekommen, die GORCH FOCK gehöre uns persönlich und nicht etwa der Bundesrepublik Deutschland — leider ein Irrtum!
Am 17. 12. 1958 wird das Schiff in einer kurzen Feierstunde in Dienst gestellt. Der Bauwerft und allen am Bau Beteiligten wird für die geleistete Arbeit gedankt und mit dem »Heiß Flagge und Wimpel!« haben wir vom Stamm nun die volle Verantwortung für das Schiff, jeder an seinem Platz.
Einige Tage später rufen wir der Werft die letzten Grüße zu und legen ab zur Fahrt durch den Nordostsee-Kanal nach Kiel, unserem Heimathafen.
Für die Kanalfahrt sind die Stengen gefiert, die Royal- und Bramrahen an Deck gegeben. Für die Nacht machen wir noch einmal im Brunsbütteler Binnenhafen fest. Um 5.00 Uhr geht es dann weiter — in einer richtigen norddeutschen Winternacht mit Nässe und Dunst.

Das fängt ja gut an!

Um 6.00 Uhr stehen wir vor der Hochbrücke Hochdonn. Bis zum Hellwerden wollen wir noch einmal an die Pfähle gehen und alles überprüfen — aber wie die Natur so spielt: Ein großer Tanker läuft in unserem Kielwasser und der Lotse meint, wir müßten weiter. Mit Fahrt gleich »Null Komma Nichts« gehen wir unter die Brücke, der Vortopp geht auch klar, aber am Großtopp scheppert es und wir haben eine Glühbirne — eine rote Topplaterne zur Warnung für Tiefflieger — ins Jenseits befördert. Um 11.00 Uhr berichtet der Rundfunk prompt über eine Havarie der GORCH FOCK im Kanal. Das fängt ja gut an!
Wie es dazu kam? Die gefierte Stenge hätte noch einen halben Meter weiter heruntergemußt. Aber wie das so ist — es ging eben alles noch sehr straff, und sie wollte nicht nachgeben. Und die Birne dort oben war auch zuviel, schließlich hatte sie es früher nicht gegeben.

In Kiel gibt es keine Blücherbrücke — den ehemaligen Stammliegeplatz der Segelschulschiffe — mehr. Wir machen das Schiff in der folgenden Nacht an drei Dalben in Front des Hindenburgufers fest. Von hier aus starten dann auch die Erprobungen mit Meilenfahrten, Krängungsversuchen, Funkbeschickungen, Radarprüfungen, Feststellung von Verbräuchen und so fort.

Eine Bemerkung von uns, daß das Schiff nur ein Ein-Abteilungsschiff sei, d.h. daß im Havariefall nach Vollaufen einer Abteilung das Schiff keinen weiteren Wassereinbruch vertragen könne, bewirkt, daß das Schiff zur Bauwerft zurückbeordert wird. Hier werden durch zwei zusätzliche Schotten aus zwei Abteilungen vier gemacht. Es wird in dieser Zeit auch unser Antrag auf Einbau eines Handruders genehmigt, schließlich kann das beste elektrische Ruder einmal ausfallen. Wenn dies dem Schiff etwa in der Friedrichsorter Enge unter Vollzeug passieren würde, sitzt es hoch und trocken oder hat einen Gegensegler gerammt — wenn nicht besonders günstige Umstände helfen. Zudem kommt unser elektrisches Ruder immer selbständig auf, und das kann nun ein Segler bestimmt nicht gebrauchen.

Wieder taucht die Frage der Stabilität beim leergefahrenen Schiff auf. Unser Vorschlag, die Trinkwasserzellen als Wechselzellen vorzusehen, wird akzeptiert. Schönes klares Atlantikwasser wird also in leergefahrenen Trinkwasserzellen den nötigen Ballast ergeben.

Nun endlich ist es soweit und alle Welt so zufrieden, daß das Schiff nach der Umsegelung von Skagen zur Kieler Woche zwar unter vollen Segeln, aber mit einer kleinen Besatzung, unterstützt von Werftpersonal, bei strahlendem Sonnenschein in Kiel einlaufen kann — begrüßt von »ganz Kiel«.

Wolfgang Erhardt

Auf blauen Tiefen

Der erste Kadettenlehrgang (3. 8. — 23. 9. 1959) ist an Bord — 200 junge Männer. Es ist schon erstaunlich, was dieses Schiff vermag: Auch 200 diskutierfreudige Abiturienten werden merklich nachdenklicher und bescheidener, als all das Fremde, die Enge und die Höhe der Masten auf sie einwirkt. Aus der Traum: Als Lord Nelson auf der Brücke stehen und die Seeschlacht von Trafalgar schlagen . . .
Unsere Aufgabe ist es auszubilden. Das heißt, jeder muß seinen Platz bei den Segelmanövern kennen und wissen, was wann, wo und wie auf welches Kommando zu geschehen hat. Und das nicht nur, wenn alle Mann das Segelmanöver durchführen, sondern nur eine Wache oder auch nur die Wachhälfte. Segel setzen, bergen und festmachen, brassen und toppen, den Kutter zu Wasser bringen, pullen, usw., — es ist so vieles zu üben.
Wir sind dankbar, daß wir hierfür vier Wochen Zeit haben, damit an der Pier oder im ruhigen Wasser der Ostsee jene Sicherheit erworben werden kann, mit der dann später in Nordsee und Atlantik das »Sich Bewegen« an Bord, die Arbeiten in der Takelage und der sichere Handgriff zur Selbstverständlichkeit werden.
Nicht nur die Kadetten müssen lernen, sondern wir alle. Ein neues Schiff bedarf eben einer gewissen Einfahrzeit, damit später alles routinemäßig läuft. In dieser Vorbereitungszeit zeigt sich auch das große Interesse der Kieler Bevölkerung für das Schiff. Sogar auf der Straße hört man: »Wir haben wieder eine GORCH FOCK«. Die Stadt Kiel macht ein großzügiges Geschenk. Besucher über Besucher sind zu empfangen. Jeder muß einmal auf der GORCH FOCK gewesen sein! Die Presse ist äußerst wohlwollend. Mit freundlichem Gesicht und knirschenden Zähnen werden Rundfunk und Fernsehen empfangen. Aber auch das geht vorüber . . .
Bei strahlendem Wetter läuft am 3. 8. 1959, abgewinkt von Tausenden von Kielern, das Schiff aus. Um Skagen und durch den Englischen Kanal geht es dem Ziel Santa Cruz de Tenerife entgegen. Und dann haben wir im Atlantik 4000 Meter Wasser unter dem Kiel. Hier gehört das Schiff hin! Das Meer ist tiefblau, die Sonne scheint, das Schiff ist gut und die Besatzung wohlauf. Es liegt also nur an uns, ob diese erste Reise auch eine gute Reise wird.
Ein Sturmtief ist nördlich vorbeigezogen, und wir haben Zeit, Kutter und Rettungsinseln

auszusetzen und den jungen Seeleuten die Erkenntnis ins Herz zu pflanzen, wie gewaltig der Ozean ist.
280 Mann sind an Bord, eine Zahl, die nur dadurch zustande kommt, daß das Schiff ein Schulschiff ist. Man kann das Schiff, das weder Brass- noch Fallwinschen hat, segeln, wenn man genügend Muskelkraft an Bord hat, um die Obermarsrahen zu heißen und die Toppen zu brassen. Das Schiff kann zwar sehr verschieden gesegelt werden. Bei den immer wieder zu übenden Wendemanövern braucht man die Vor- und Großstagsegel nicht niederzuholen, aber wir tun es, um Lieken und schlagende Segel zu schonen. Man muß auch nicht immer mehrscheibige Taljen fahren, aber der junge Seemann soll lernen, damit umzugehen.
Im Hinblick auf die Auslandsreisen sagte der Inspekteur der Marine einmal: »Die GORCH FOCK ist unser Eisbrecher«. In der Tat: wir sind ja harmlos. Nicht einmal eine Salutkanone ist an Bord, eine Handvoll Gewehre, das ist alles. Aber wir haben den festen Willen, im Ausland das Bild vom »schlechten« Deutschen aufzubessern.
In Spanien empfängt man uns sehr, sehr herzlich und gastfrei. Alte Bekanntschaften werden aufgefrischt. Die Kanarischen Inseln sind schon vor dem Krieg oft von der deutschen Marine angelaufen worden — damals war das noch etwas Besonderes, doch in den Zeiten des Massentourismus kommt dieser Verbindung zum Heimatland nicht mehr die frühere Bedeutung zu. Immerhin waren nach der Reise zwei Verlobungen zu melden, die dann später auch zu Ehen führten.
Auf der Rückreise gibt es keinen Hauch von Wind auf dem weiten Atlantik, also den Motor an! Zwar gibt es eine Tagesreise von unserer Kurslinie so etwas wie Wind, doch er zieht sich immer nördlicher zurück. Bei Schottland holen wir ihn endlich ein. Der Pentland Firth wird durchsegelt und die »Merry Men of May« tanzen um das Schiff, Scapa Flow an Backbord. Mit Windstärke 8 und 13 Knoten geht es schließlich über die Nordsee, durch den Sund — hier überdecken die Lichter an Land häufig die für die Navigation notwendigen Feuer — in die Ostsee, vorbei an Rostock zum Heimathafen Kiel.

Ein überwältigender Empfang

Ganz anders gestaltet sich die nächste Reise. Als das Schiff am 29. Oktober 1959 um 4.48 Uhr Skagen Feuerschiff rundet, verstärkt sich der Südwind unter Drehung auf Nord-Ost auf 9 Beaufort. Ein ungewöhnliches Glück in dieser Jahreszeit! So können wir schon einen Tag vor dem Einlauftermin vor Aberdeen, dem Zielhafen, stehen. 20 Seemeilen vor der Küste drehen wir bei. Am nächsten Tag kreuzen wir für Presse und Fotografen vor dem Hafen und gehen dann unter Motor durch die sehr engen Hafendurchfahrten — kaum ein Meter Platz an jeder Seite — in den Binnenhafen, der das Zentrum der Stadt bildet. Die Presse Aberdeens hat schmeichelnde Vorarbeit geleistet: »Old salts admire Queen of the Sea« — »All is spick and span« — »Any wartime ideas, that the Germans have no sense of humour is nonsense« — »And more — this third German Navy is very democratic« — was also will man mehr!
Der Empfang ist überwältigend. Das ehrwürdige Rathaus öffnet sich für uns — eine besondere Ehrung —, und beim Abschied stehen rings um das Hafenbecken Tausende von Menschen. Nur noch beim Besuch der Queen

war es so, wie man später hört. »Happy to meet — sorry to pass — happy to meet again«, — unter dem Geleit von Hunderten von Autos längs des Hafenbeckens geht es in See — aber was für eine See!
Südlich von Island hat sich ein Orkantief mit 965 Millibar gebildet, und wir bekommen es tüchtig zu spüren, als es heranzieht. Das Heulen des Sturmes wird so stark, daß es jede Stimme übertönt. Unter Sturmbesegelung — Untermarssegeln und unteren Stagsegeln — machen wir bis zu 8,5 Knoten, hart am Wind bei grober See. Ein treues Schiff. Beidrehen ist in dieser Situation schlecht, denn das beigedrehte Schiff treibt bis zu 50 Seemeilen in 24 Stunden, die Stromversetzung nicht mitgerechnet. Doch das Skagerrak ist nur 60 Seemeilen breit. In der Jammerbucht an der dänischen Küste liegen, wie die Seekarte zeigt, Hunderte von Schiffswracks. Sie sind bei Nord-Westwind nicht mehr freigekommen und der Sturm aus Süd drückt auf die norwegischen Klippen. Zwei Tage, an denen es keinen Horizont gibt, zwei Nächte voll Gischt und Regen, in Beaufort 11 und in Orkanböen 12 und darüber. Aber die GORCH FOCK macht Fahrt, und das ist die Hauptsache. Das Schiff bewährt sich voll und ganz — so wie erwartet.
Die 4. Reise (16. 7. — 26. 9. 1960) ist gespickt mit vielen Eindrücken. In Ostende treffen wir andere Großsegler, die gerade eine Regatta von Oslo her hinter sich haben. Dann geht es weiter nach Lissabon — es ist erstaunlich, was dieses kleine Land Portugal aus Anlaß des 500. Todestages von Heinrich dem Seefahrer veranstaltet.
Das Hauptereignis ist die Flottenparade. Sieben Großsegler laufen in Kiellinie von West kommend am Felsen von Sagres bei Cap Vincent vorbei. Es ist nicht ganz so leicht, das Schiff auf dem nötigen Abstand vom Vordermann in der Kiellinie zu halten, denn wir sind schneller als die anderen. Und da sagt man immer, die GORCH FOCK sei untertakelt . . .
Von Ost kommen sieben Kreuzer und 30 Zerstörer unserer Armada entgegen. Auf dem Felsen stehen die Präsidenten von Brasilien und Portugal sowie Tausende von begeisterten Menschen — ein unvergeßliches Erlebnis!
Weiter geht es zu einer kleinen Regatta, die von Cannes nach Neapel führt. Klein insofern, als wir nur den Topsegelschoner VERONA als Gegner haben. Nach anfänglich flauen Winden können wir nach dem Runden der Südspitze Sardiniens mit zeitweilig 14 Knoten der VERONA davonlaufen. Es gratuliert uns dann zum Sieg: ausgerechnet Max Schmeling. Unter Segeln können wir an die Festmacherboje gehen.
Neapel ist 1960 die Stadt der Segelolympiade. Große Empfänge, Bordfest der deutschen Segler und deren Gäste auf der GORCH FOCK. Neben uns liegt die AMERIGO VESPUCCI, das uns so bekannte italienische Schulschiff.
Auf der Rückreise müssen wir in La Spezia einen Schwerkranken ausschiffen, der Golf von Lion ärgert uns nochmals mit seinen ganzen Heimtücken. Gibraltar wird in der Abendsonne passiert. Eine schöne Reise geht damit ihrem Ende zu.

Ein gutes Schiff

In weiteren Reisen werden Gävle (Juni/Juli 1960), Aarhus (November 1960), Oslo (Dezember 1960) angelaufen. Hier kommt es besonders auf »showing the flag« an, und es zeigt sich, daß ein gutes, sauberes Schiff und eine disziplinierte Besatzung stark beachtet werden und viele Sympathien einbringen.

Eine Reise, die fast ganz unter Segeln zurückgelegt wird, geht nach Island (2. 5. — 22. 6. 1961), das uns alle durch die Großartigkeit seiner Landschaft beeindruckt. In See treffen wir das Fischereischutzschiff ANTON DOHRN dann geht es weiter zum früheren Freibeuterhafen St. Malo zum Treffen der Cap Horniers. Beim Auslaufen herrscht stark auflandiger Wind. Der kleine Hafenschlepper kann uns kaum halten, und als wir dem englischen Zerstörerkommandanten an der Pier zurufen, wir kämen wohl — wenn es so weiterginge — bald bei ihm unfreiwillig längsseits, ruft er nur: »Always welcome!«.
Auf den Winterreisen sind Nord- und Ostsee frei von Segelyachten — sie können unseren Kurs nicht stören. Wegerecht und Ausweichpflicht sind schon eine Sache für sich! An einem klaren Sommersonnentag geht mitten auf der Nordsee ein großes Motorschiff nicht aus dem Weg und zwingt uns — unter Vollzeug laufend — zum Manöver des letzten Augenblicks. Die größte Gefahr für einen Großsegler besteht auch heutzutage im Queren eines befahrenen Schiffahrtsweges. Ein Supertanker legt bis zum Aufstoppen bis zu fünf Seemeilen zurück.
Heimatliche Häfen bekommen wir selten zu sehen. Eigentlich schade für beide Seiten! Grömitz, Helgoland und Flensburg, auch Hamburg — das ist schon einmal drin. Vor Bremerhaven haben wir einmal einen Tag Zeit, weil wir auf ein Filmteam warten müssen. Die Maaten haben sich als Piraten verkleidet. Eine täuschend menschenähnliche Puppe wird mit Henkersknoten an der Rahnock vorgeheißt. Auf den Ruf: »Snied em aff!« saust sie ins Wasser und just in diesem Moment passiert ein Ausflugsdampfer. Die entsetzten Gesichter der Badegäste sind auf 100 Meter auszumachen: So rauh sind die Bräuche auf der GORCH FOCK . . .

Ziel New York

Endlich wird unser wiederholtes Gesuch um eine Verlängerung des Lehrgangs auf vier Monate genehmigt. Wir können nach New York auslaufen (20. 3. — 15. 6. 1962). Zwischenstation ist Teneriffa, dann folgen herrliche Passatnächte, in denen die Besatzung an Deck schläft. Das heute so verfemte Bermuda-Dreieck tut uns nichts. Nach zwei Tagen und Nächten mit Nebel haben wir das große Glück, unter Vollzeug an der Freiheitsstatue vorbei bis direkt vor die Pier zum Aufdrehen laufen zu können.
Über New York etwas zu sagen, erübrigt sich. Der Flugzeugträger ESSEX betreut uns. Die Besatzung schwärmt immer noch von dem Besuch des Trägers in Hamburg. Bordhund Whisky wird mit Blaulicht und unter Grünschaltung quer durch Manhattan zum Hospital gefahren: Tollwutverdacht. Wir müssen auslaufen. Doch ein Schlepper liegt bereits unter Dampf und bringt uns Whisky nach.
Am Untergangsort der PAMIR wird der dortgebliebenen Seeleute und des Schiffes gedacht und ein Kranz über Bord gegeben. Die Azoren werden angelaufen. Ein Hurrican sitzt uns im Nacken. Wir müssen zusehen, daß wir weiterkommen.
Die Reisen sind für die Ausbildung am erfolgreichsten, wenn ohne Terminbelastung auf langem Törn gesegelt und geübt werden kann — dann mag auch schweres Wetter kommen. Dieses gute Schiff tut alles, was von ihm gefordert wird, wenn man es nur anständig behandelt.

Wolfgang Erhardt

20

Ein Schiff entsteht: Zwei Sektionen des Achterschiffes der GORCH FOCK in der Halle der Werft Blohm und Voss (20). Es handelt sich um Teile des Kiels. An der vorderen Sektion ist deutlich zu erkennen, wie mit Hilfe von Flaschenzügen die 10-20 mm starke Außenhaut maßgerecht verformt wird. Bald wird die erste, 27 Tonnen schwere Sektion von zwei Kränen auf den Stapel gesetzt (21). Der Rumpf der GORCH FOCK nimmt Formen an (22). Der Vortopp wird eingesetzt, die Pardunen sind schon angeschlagen, und der Topp ist bereits vorgetakelt.
Noch lange wird es dauern, bis das Schiff schwimmfähig ist und eingedockt werden kann (19). Am linken Bildrand ist das Vorschiff der PASSAT zu erkennen, die zur selben Zeit bei Blohm und Voss dockte

21

23

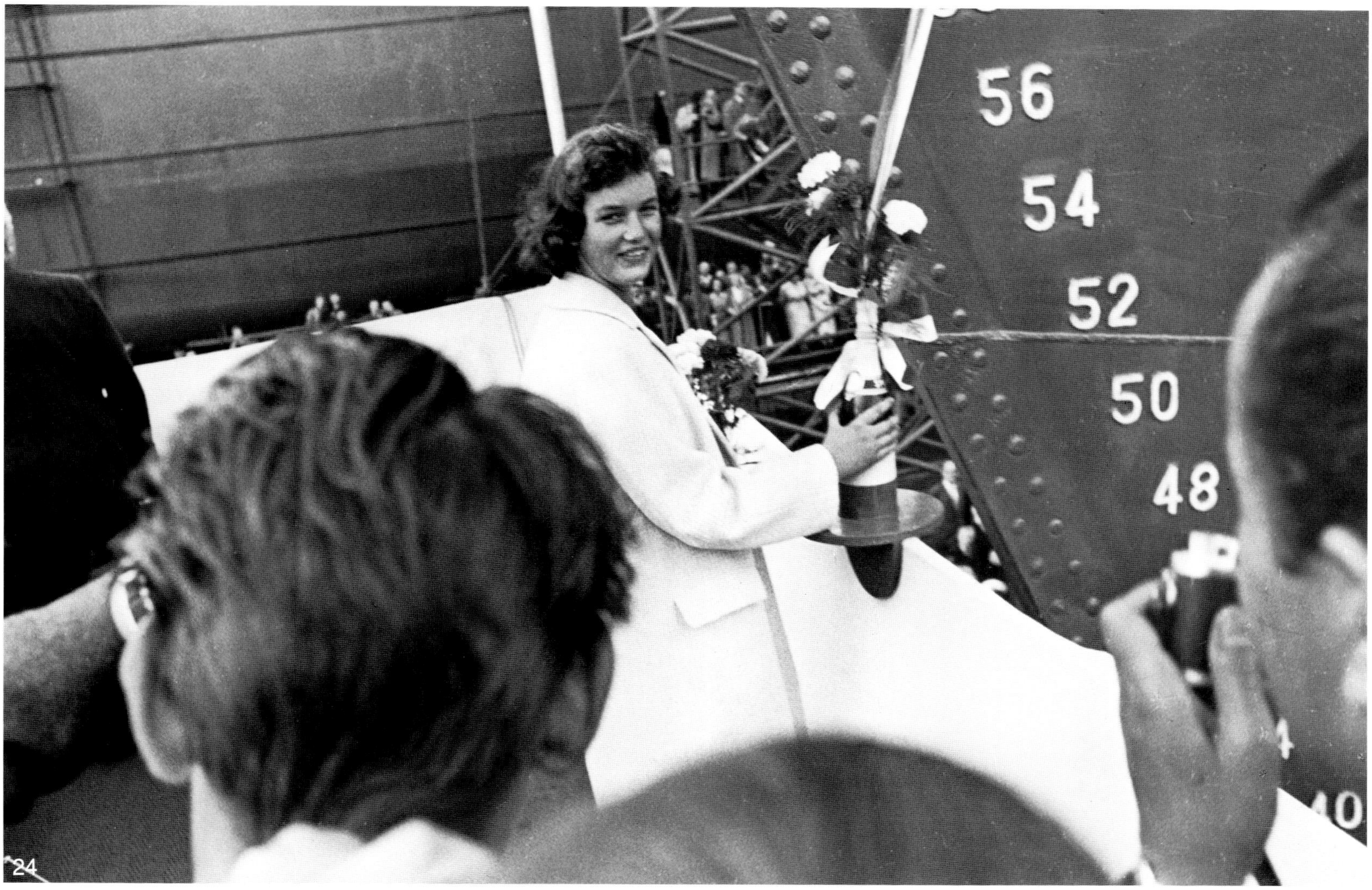

24

25

27

Am 23. August 1958 gleitet das Schiff unter dem Jubel der Zuschauer in sein Element (25). Noch ist es manövrierunfähig. Man sieht es an den zwei schwarzen Bällen im Vortopp (23). Der Taufspruch, den Ulli Kinau, eine Nichte Gorch Focks, spricht, lautet: »Boben dat Leben steiht de Dood. Ober boben den Dood steiht wedder dat Leben! Ich däup di up den Nom GORCH FOCK!« Dann wirft sie die Flasche gegen den Bug (24)

Unter einer Persenning am Bug arbeitet der Künstler an der von ihm entworfenen Gallionsfigur (26). Mit starken Bolzen muß sie befestigt werden, denn sie ist nicht nur vergoldet, sondern wiegt auch mehrere Tonnen. In den nächsten Jahren wird sie so manche schwere See abzuwettern haben. Bei einer Sturmfahrt durch die Nordsee wurde die Gallionsfigur sogar einmal schwer beschädigt (27)

28

Bis zur Indienststellung ist noch viel zu tun. Die Rahen werden aufgebracht (29). Am 17. Dezember 1958 ist es endlich soweit: Der Kommandant dankt der Werft und allen Beteiligten für die geleistete Arbeit (28) und mit dem »Heiß Flagge und Wimpel!« geht die volle Verantwortung für das Schiff auf den Kommandanten und die Besatzung über. Im August des nächsten Jahres startet die GORCH FOCK zu ihrer ersten Auslandsreise. Ziel ist Santa Cruz de Tenerife. 4000 Meter Wasser unter dem Kiel, das Meer ist tiefblau und die Sonne scheint (30). Überall, wo die Gorch Fock erscheint, ist der Empfang überwältigend. So auch in Aberdeen, dessen sehr enge Hafendurchfahrt mit Schlepperhilfe und unter Motor gemeistert wird (31). Auf der Rückreise bekommt die Gorch Fock zu spüren, wie sich die Nordsee im Winter benehmen kann. Schwere Brecher rollen gegen das Schiff. Strecktaue und »Leichenfänger« sind gespannt (32)

29

33

34

35

Die GORCH FOCK — Botschafter in Blau. Immer wieder ist es für Besatzung und Bevölkerung ein Erlebnis, wenn ein Windjammer einen fremden Hafen anläuft. Als Dank für

Tausende von Zuschauern: Segelexerzieren am Bollwerk von St. Malo (33); an der Boje vor der Tower Bridge (34); vor Anker im Hafen von Madeira (35)

36

Island beeindruckt durch die Großartigkeit seiner Landschaft. In See trifft die GORCH FOCK das Fischereischutzschiff ANTON DOHRN (36), dann geht es weiter zum früheren Freibeuterhafen St. Malo.
Aus Anlaß des 500. Todestages von Heinrich dem Seefahrer findet im Sommer 1960 eine große Windjammerparade vor Portugal statt. Es führt die portugiesische SAGRES, dahinter die spanische JUAN SEBASTIAN DE ELCANO und die GORCH FOCK (37).
Enter auf! Auch das schnelle Klettern in den haushohen Wanten will gelernt sein. So geht es jeden Tag ins »Gehölz«, wie der Seemann die Takelage nennt. Hier in der Ostsee 1962 (38). Nach getaner Arbeit und »Hiev rund« — 120 Meter Kette werden eingehievt — (39,41) heißt es dann: »Besanschot an!« (40)

37

39

40

41

Kurz nach dem Auslaufen aus Ponta Delgada (Azoren) wurde diese herrliche Aufnahme gemacht: Unter kurzen Segeln läuft die GORCH FOCK mit gut 13 Knoten Kurs Heimat (42).
Auf ihrem Weg zur ersten Atlantiküberquerung läuft die GORCH FOCK Santa Cruz de Tenerife an, den oft besuchten, gastlichen Hafen auf den Kanarischen Inseln (44). Dann folgen herrliche Passatnächte, in denen die Besatzung an Deck schläft.
Nach zwei Tagen und Nächten mit Nebel läuft die GORCH FOCK unter Vollzeug an der Freiheitsstatue vorbei (43) — begleitet von den Wasserfontänen der Feuerlöschboote — bis direkt vor die Pier des New Yorker Hafens (1962).
Heimatliche Häfen bekommt das Schiff selten zu sehen. Grömitz, Helgoland, Hamburg und Flensburg (45) — das ist schon einmal drin. Filigrangleich recken sich die Masten in den Abendhimmel

Ein Meerpferd möcht' ich reiten

Am 23. Juli 1962, 8.00 Uhr, übernahm ich das Kommando; gleichzeitig wurde zum Übungssegeln abgelegt — programmatische Worte erübrigten sich, die Stammbesatzung kannte mich ja als früheren I. Offizier — und am 30. Juli begann die Reise. Erste Station war eine Regatta, ein »Tall Ships' Race« der Sail Training Association, im Englischen Kanal (was unter heutigen Verkehrsverhältnissen dort nachträglich fast abenteuerlich anmutet).

Im idyllischen Dartmouth sammelten sich die Teilnehmer. Das Britannia Royal Naval College war Gastgeber und organisierte vorbildlich die (dem Race immer vor- oder nachgeschalteten) sportlichen Wettkämpfe. Zur Regatta wurde am 10. August in die nahegelegene Torbay versegelt, wo am 11. August mittags der Schirmherr, der Herzog von Edinburgh, von Bord der BRITANNIA den Startschuß gab: westwärts kreuzen bis zur Isle d'Ouessant, um ein dort stehendes Markboot wenden und wieder kreuzen bis zu den Casquets; von dort konnte dann bis zum Ziel vor Dieppe Kurs gesteuert werden. Fazit auch der späteren Tall Ships'-Regatten: Der Ansporn zu schnellen, exakten Segelmanövern dürfte den Verlust an reinen Ausbildungsstunden aufwiegen — abgesehen vom humanen Wert der »Begegnung«, dem Kennenlernen der jungen Mannschaft aus vielen Nationen.

Aus der Fülle festlicher Veranstaltungen im Zielhafen Rotterdam beeindruckten zwei besonders: Der gemeinsame Dankgottesdienst und die feierliche Preisverteilung im Rathaus (mit einer längeren, an die GORCH FOCK-Besatzung gerichteten Ansprache — bewußt freundschaftliches Bekenntnis des Bürgermeister-Ehepaares van Walsum).

Die Reise ging weiter ins Nordmeer. Zum ersten Mal seit den Vorkriegsjahren sollte die Inselgruppe der Färöer wieder besucht werden. Drei Etmale zu 200 Seemeilen brachten das Schiff so schnell in Sicht der Inseln, daß Zeit zum Umfahren und Durchsegeln blieb, bevor im Hauptort der südlichsten Insel, in Trangisvaag (färingisch: Tvöroyri) festgemacht wurde.

Dieses Übungsgebiet habe ich immer wieder in die Sommerreisen eingeplant, weil es — mit seinen oft wechselnden Wetterlagen, starken Strömungen (und auch landschaftlichen Reizen) — die Mannschaft wie die Wachoffiziere forderte und Gelegenheit zu zahlreichen Manövern gab. Vierter und letzter Hafen der Reise war, vom 14. — 19. September, Göteborg, dessen Bevölkerung uns durch freundliche, vorurteilsfreie Aufnahme überraschte: Es begann gleich am Einlaufmittag mit einer großen Kaffeetafel im Rathaus und einer längeren, auf deutsch gehaltenen Ansprache des Bürgermeisters. Eine besondere Genugtuung war mir, daß an einer, an das Auslaufen anschließenden Fahrt zum Gorch Fock-Grab auf der Schäre Stensholmen außer dem deutschen Generalkonsul Dr. Stöcker auch vier Stabsoffiziere der schwedischen Marine teilnahmen.

Ehrgeizige Ziele

Noch gibt es aus Bonn kein »grünes Licht« für größere Herbstreisen. »Segelschiffer sind Raum-Überwinder« sagt der Verfasser von »Der Wind weht von Anbeginn«, Ernst Alexander Römer — aber um diese Aufgabe und Herausforderung für die Lehrgänge muß die Schiffsführung vorerst kämpfen. So gilt, ersatzweise, die 11. Reise den Hansestädten Bremen und Lübeck, mit einer Skagen-Umsegelung Mitte November. Das Jahr 1962 endet mit der erfreulichen Bestätigung, daß Westindien Ziel der kommenden Frühjahrsreisen sein soll.
Am 23. April 1963, nach Fahrt durch den Nord-Ostsee-Kanal und Wiederaufbringen von Stengen und Rahen, begann die 12. Reise; Ziel: St. Thomas, eine der Jungfern-Inseln (Kleine Antillen). Verspätetes Docken wegen des Eiswinters sowie Osterurlaub hatten die Vorausbildung verkürzt. So war die Übung zum Reffen der Segel auf die ersten Tage im freien Seeraum zurückgestellt worden; für das ehrgeizige Ziel — in zwei Monaten sollten über 10 000 Seemeilen weitmöglichst gesegelt werden — mußte Zeit gewonnen werden. Von Mitte Biskaya ab war, bei frischem bis stürmischem Wind (vor Portugal im »Norder«), jeder Lehrgangsteilnehmer mehrmals auf der Rah zum Reffen, Wiederausreffen und Setzen der Segel. Trotz der zeitweilig verringerten Segelfläche lag die Strecke Finisterre — Madeira, bei durchschnittlich 240 Seemeilen im Etmal, schon nach drei Tagen hinter uns. Das nächtliche Entlangsegeln an der Lichterkette von Funchal, bei 12 bis 13 Knoten, war einer der stärksten Eindrücke des ersten Reiseabschnitts.
Die drei Tage Las Palmas waren eigentlich zur Versorgung gedacht; die überwältigende Gastfreundschaft der deutschen Kolonie und der Spanier machten sie zu einem unvergessenen Erlebnis. Überschattet wurden sie am Ende durch den tödlichen Unfall eines Lehrgangsteilnehmers beim Ablegen am 9. Mai. Die Segel waren eben losgemacht, das Schiff wurde noch von einem Schlepper auf den Auslaufkurs gedreht. Da stürzt ein Oberrahgast beim Niederentern — er hatte wohl besonders schnell sein wollen — aus dem Unterwant auf die Reeling und von da ins Wasser, das sich sogleich tiefrot färbt. Drei Soldaten und der Toppoffizier sprangen sofort nach; aber eine zufällig vorbeikommende Hafenbarkasse barg den Toten. Aus dem dienstlichen Bericht: »Nach Festmachen der Segel wurde das Schiff wieder an die Pier gebracht, wo der deutsche Konsul auf mich wartete, dem ich einen Brief an die Mutter des Verunglückten übergab. Ich habe dann nur die Rückkehr des Schiffsarztes aus dem Hafenkrankenhaus mit der Todesfeststellung abgewartet, um sofort wieder in See zu gehen. Ich hielt es für notwendig, die junge Mannschaft durch Forderungen des Dienstes und neue Eindrücke schnell wieder in die Hand zu bekommen.«

Zwei Stunden später segelte das Schiff mit Vollzeug aus dem Hafen, die Toppen wurden für den langen Passatkurs gebrasst; dann habe ich zur Besatzung gesprochen und für den Rest des Tages Zeugdienst und Tagebuch(Logbuch-)-Schreiben angesetzt.
Während auf der letzten Sommerreise, von Dartmouth ab, die gesamte Distanz gesegelt werden konnte, erwies es sich als notwendig, beim Schwächerwerden des Passats für gut vier Tage Maschinenkraft in Anspruch zu nehmen, um den angemeldeten Besuchstermin auf St. Thomas einzuhalten.
Vom 25. – 31. Mai lag die GORCH FOCK in der traumhaft schönen Bucht von Charlotte-Amalie vor Anker; alle Boote aus, zum Pullen und auch Segeln. Da auf St. Thomas das Wasser knapp war, wurde am letzten Abend in San Juan, der Hauptstadt von Puerto Rico, festgemacht.
Unter Segeln am anderen Morgen aus dem Innenhafen: Nur in der Abdeckung unter dem mächtigen Kastell El Morro stockte die Fahrt, die Segel flappten kurz. Dann lagen vor uns 22 Segeltage, 4500 Seemeilen auf dem Großkreis-Kurs zum Pentland-Firth. Leider muß Mitte Atlantik der Kurs auf den Englischen Kanal geändert werden, weil ein Sturmtief (das dann über den Hebriden liegen blieb) auf dem geplanten Weg steifen Ostwind gebracht hätte — keine gute Sache für die Pentland-Passage. So läuft die letzten drei Reisetage wieder der Motor.
Was bringt dem Segelschiff ein 22/25-Tage-Törn, abgesehen von systematischer, von Besuchsprogrammen ungestörter Lehrgangsausbildung? Es kann ein Ausbildungszweig intensiviert werden, der in unseren Breiten, wetterbedingt, oft zu kurz kommt: Schiffspflege und Instandhaltung des laufenden und stehenden Guts. Die Segelwache ist vom frühen Morgen bis in die Nacht mit Konservierungsarbeiten an Deck und in der Takelage beschäftigt. So präsentiert sich GORCH FOCK in bester Verfassung zur Kieler Woche 1963 und trifft zum ersten Mal ihre Schwester, die jetzt portugiesische SAGRES.

Kurs Nordmeer

Die 13. Reise beginnt damit, daß sich die Verteidigungsminister der USA und der Bundesrepublik, McNamara und von Hassel, mit viel Gefolge und allen Inspekteuren, für einen halben Tag einschiffen. Danach Kurs Nordmeer und zügiges Segeln von Kap Skagen bis zum Polarkreis. Am 10. August wird bei Lödingen auf den Lofoten der Lotse für den Vest-Fjord übernommen.
Nach dem Durchfahren des inneren Schärenwegs über Tromsö, Hammerfest, zum Nordkap wird wieder gesegelt, bis bei der Bäreninsel der Wind einschläft und das spiegelglatte Wasser der Polarkappe zu einem Blitzbesuch des Südteils von Spitzbergen einlädt. Vor der Gletscherzunge des Horn-Sund wird dann gedreht und auf den Reisekurs nach Südwesten gegangen.
Bäreninsel, Spitzbergen und Jan Mayen — die alle bei klarer Sicht, teilweise schönstem Wetter, passiert werden — vermitteln der Besatzung nachhaltige Eindrücke, ebenso das Einsegeln in den Eyja Fjord bis vor Akureyri, der zweitgrößten Stadt Islands genau auf dem Polarkreis.
Es folgen wieder windschwache Tage, viel Nebel. Das ändert sich erst im uns nun schon bekannten Seegebiet der Färöer. Nach Durchsegeln mehrerer Sunde fällt am 5. September vor Torshavn für drei Tage der Anker.

Am 9. September haben, zum Glück für uns, die Tiefs ihre gewohnte Tätigkeit wieder aufgenommen. Nach Runden der Shetlands kommen die Orkneys in Sicht, deren 40 Seemeilen Nordsüderstreckung hart am Wind, bei frischer Brise und Schauerböen, schnell abgelaufen wird. Die gebirgigste Insel im Südwesten, Hoy, bietet mit ihrer Steilküste im klaren Licht ein unvergeßliches Bild. Um Mittag geht es, nun vor dem Wind, in den Pentland-Firth: Nach einer Stunde ist die Insel Strema querab, bei 9 Knoten Mitstrom, 15 Knoten Fahrt über Grund.

Inzwischen erlebt Island das erste Orkan-Tief dieses Herbstes (955 Millibar!). Es hätte, wäre das Schiff noch dort gestanden, ihm wohl seine bis dahin härteste Belastungsprobe gebracht. Ausläufer mit sieben Windstärken erschwerten am 13. September das Einlaufen in den engen Schlauch von Leith, dem Hafen von Edinburgh (der Heckschlepper verschwand nach Bruch seiner Schlepptrosse).

Edinburgh, reich an Geschichte, Schlössern und Museen, gab der Besatzung reichlich bemessenes »freies Manöver« bis zum 18. September. Das nunmehr durchweg durchwachsene Wetter gab beim abschließenden Besichtigungssegeln in der Kieler Bucht, bei Windstärke 7 — 8, dem Lehrgang Gelegenheit, sein Können zu zeigen und der Schiffsführung die erfreuliche Bestätigung, daß die Herbstreisen, wie vorgeschlagen, genehmigt seien.

Stürmische Herbstreise

Deren erste, mit Ziel Madeira, sollte dramatischer verlaufen als die bisherigen Reisen. Die Vorausbildung hatte zwar nur an der Pier stattgefunden — es waren Unteroffizieranwärter an Bord, die nebenher Kraftboot-Fahren übten —, aber durch gründliches Segelexerzieren auch bei Nacht war für dickes Wetter vorgesorgt. Die Ausreise, am 8. November, beginnt damit, daß das Schiff, von Skagen westwärts kreuzend, gegen Westwind Stärke 8 keinen Raum mehr gewinnt und für 24 Stunden auf der Großen Fischerbank, in der Mitte der Nordsee, beigedreht wird. Dann zwingt ein ernster Krankheitsfall (Magenbluten) einen möglichst günstig gelegenen Hafen aufzusuchen. Mit Stagsegeln und der ihre 850 PS voll hergebenden Maschine wird Den Helder angesteuert. Nach zwei Tagen hat das Schiff sich soweit nach Süden vorgearbeitet — frei vom (damals noch gefährlichen) minengefährdeten Gebiet westlich Borkums —, daß der Kranke dem holländischen Marinelazarett übergeben werden kann.

Da die Sturmtiefs sich jetzt in schneller Folge ablösen, wird versucht, den Englischen Kanal so schnell wie möglich mit Motor zu passieren. Doch noch vor Falmouth-Reede wird klar, daß ein Sturm schwerster Art über den Atlantik heranzieht: Das Wetterschiff »J« meldet die ganz ungewöhnliche Druckfalltendenz von über 12 Millibar in drei Stunden. Start Bay, wo wir gerade stehen, erscheint nicht mehr sicher genug, einen Orkan vor Anker abzureiten. Wir laufen 20 Seemeilen zurück und ankern mit langer Kette in der Torbay. Wir zählen schließlich 40 Schiffe in dieser geräumigen Bucht, während die Orkanböen über sie hinwegrasen.

Dank des ausgezeichneten Bord-Meteorologen gelingt der »Ausbruch« nach drei Tagen, es ist mittlerweile der 20. November. Als ein neues Sturmtief mit 60 Knoten über den Kanalausgang wegzieht, steht das Schiff bereits 100 Seemeilen südlicher in der Biskaya. Nach Passieren von Finisterre kann endlich, nun

am Rande des Azorenhochs, ein paar Tage gesegelt werden. Am 27. November fällt der Anker vor Funchal; im Bestand ganze fünf Tonnen Treibstoff. Er reichte gerade, die vielen Teilstrecken mit der Maschine zurückzulegen, wobei der erhebliche Mehrverbrauch infolge des stürmischen Wetters und schweren Seegangs, meist von vorn, zu berücksichtigen war. In Funchal bleiben wir bis zum 2. Dezember. Den Rückweg hoffen wir, nun den Wind meist im Rücken, als echte Segelreise beenden zu können. Bei zeitweise 13 Knoten Fahrt und zwischen West und Süd pendelnden Winden sieht es auch eine ganze Woche so aus; aber es soll anders kommen.
Im Englischen Kanal, eben haben wir Lizard passiert, springt der Wind um auf einen stürmischen Ost. Weil er die Schwierigkeiten eines im Englischen Kanal kreuzenden Segelschiffs veranschaulicht, zitiere ich meinen dienstlichen Bericht über den 12. Dezember: »Während vormittags Lizard noch klar in Sicht gewesen war, wurde um 14.35 Uhr unter Start Point, ohne Landsicht, gewendet; um 23.40 Uhr vor der bretonischen Küste gehalst. Der Durchbruch durch die Dampfertrecks erwies sich jedesmal als recht schwierig. Beim Zurücklaufen in den Kanal trat, während der Mittelwache, durch Nicht-Ausweichen eines hellerleuchteten Passagierschiffes eine Kollisionsgefahr ein, der nur durch Bergen von Obermars- und Großsegel und Fahrtminderung auf 2 1/2 Knoten begegnet werden konnte. In 0,8 Seemeilen Abstand lief das Schiff vor dem Bug durch. Das Radar war — bei gleichzeitig etwa 20 Kontakten im 12-Seemeilen-Bereich — eine unschätzbare Hilfe. Es war mir klar, daß ein Kreuzen in die Kanalenge hinein nicht mehr lange fortgesetzt werden konnte, ohne das Schiff zu gefährden.«
Nach einem Besichtigungssegeln vor Wilhelmshaven, Stengenkürzen in Brunsbüttel und einer Nebelfahrt durch den Nord-Ostsee-Kanal wurde die 14. Reise planmäßig vor Weihnachten in Kiel beendet.
Für 1964 hatte die Sail Training Association erstmalig eine Transatlantik-Regatta ausgeschrieben. Ziel: Bermuda und anschließendes Versegeln (»Sail in Company«) nach New York zur inoffiziellen Weltausstellung dort Mitte Juli. Für GORCH FOCK bedeutete das einen Lehrgangsaustausch in Übersee, da die 15. und 16. Reise zu einer langen Fünf-Monate-Reise verbunden werden sollten. Der Start zur Regatta sollte am 5. Juni vor Lissabon sein — Zeit genug, der letzten deutschen Seestadt, Emden, einen Besuch abzustatten; ebenso Vigo und dem davor liegenden herrlichen Segelrevier der Rias Bajas, der spanischen Provinz Galizia.

Regatta über 4000 Seemeilen

Ende Juni versammeln sich, ein Rekord bis dahin, acht große Rahsegler auf dem Tejo: Drei Norweger, je ein Spanier, Portugiese, Argentinier, Däne und Deutscher. Auf den Bermudas sollen außer der Coast Guard-Bark EAGLE noch ein Chilene und ein Indonesier hinzustoßen.
Das Aufregende an der nun folgenden Regatta über rund 4000 Seemeilen, bei der die westlichste Kanaren-Insel La Palma als Bahnmarke gerundet werden muß, ist die große Einsamkeit. Die letzten Lichter der Konkurrenz kommen noch vor Mitternacht des Starttages außer Sicht.
Erst am 24. Tag erscheint ein erster Kontakt im Radar. Diese Nacht, die noch einen Kreuzschlag notwendig macht — der immer schwä-

cher gewordene Passat ist durch Flauten und schließlich Gegenwind abgelöst —, entscheidet über den Erfolg, als absolut schnellstes Rahschiff über die Ziellinie zu gehen (im eng zusammenliegenden Spitzenfeld sind wir, nach Vorgabe, Dritter).

Es soll nicht verschwiegen werden, daß es auf den Bermudas Spannungen gab, die durchaus nicht allein daher rührten, daß der ausgeschriebene »First Ship Home«-Preis voreilig anderweitig »verschenkt« worden war (aufgrund einer falschen Dampfermeldung war GORCH FOCK wochenlang als Verlierer angesehen worden, »300 Seemeilen zurück«; dies aber war das Schwesterschiff SAGRES . . .). Sie rührten ebenso daher, daß für den sogleich beginnenden Lehrgangswechsel keinerlei Vorsorge getroffen war. GORCH FOCK war, als einziges Schiff in dieser Situation, gezwungen, mit den beiden aus der Heimat herangekommenen Tendern WESER und DONAU in den weit außerhalb liegenden Stützpunkt der US-Navy zu gehen, um den Wechsel dort zu vollziehen.

Wie üblich löst sich, nach Aufklärung der Mißverständnisse, alles auf in eitel Sonnenschein. GORCH FOCK liegt nach zwei Tagen wieder in der Reihe der anderen Schiffe, wenn auch weit außer Sicht der Hauptstadt Hamilton auf Platz Nr. 10 neben der zuletzt eingetroffenen ESMERALDA, doch in guter Kameradschaft mit den Chilenen, die mit uns in den Messen deutsche Lieder singen.

Zwei Tage Segelvorausbildung an einer alten wackeligen Holzspier im Nebenhafen St. Georges müssen genügen, dann jagt das Schiff der Segelschiffsflotte nach und kommt noch rechtzeitig auf den Ankerplatz in der Gravesend Bay und zur Kapitänsbesprechung für die Parade auf dem Hudson. Dichter Nebel scheint das Vorhaben zu vereiteln, der Hafen von New York ist geschlossen. Doch brauchen die zahlreich angereisten Ehrengäste nicht zu warten, fast pünktlich paradieren vor ihnen elf große Rahsegler, ein bis dahin nicht gesehenes Schauspiel. Zum Glück ist der Flugzeugträger mit der Ehrentribüne weiter stromauf verankert, wo in Höhe der 42. Straße das Fahrwasser einen Knick hat, so daß die Kursänderung etwas Brise in die Segel bringt.

Die neue Mannschaft, eben 14 Tage an Bord, kommt — auf den Rahen »ausgelegt« — in guter Haltung vorbei, wie auch bei der Konfetti-Parade auf dem Broadway.

Wir waren froh, nach vier Tagen Hektik — New York und Weltausstellung — in das friedliche, fast kleinstädtische New London zu verlegen, Sitz der US-Coast Guard Academy. Als ich den Kommandeur dieser Schule fragte, welchen Kurs nach Island — Hafnarfjördur, nahe der Hauptstadt Reykjavik, war unser nächster Bestimmungshafen — er seinem Schulschiff befehlen würde, antwortete er spontan: St. Lawrence-Golf, Belle Isle-Straße, Kap Farvel (Südspitze Grönlands). Das bedeutet, Neufundland an Steuerbord zu lassen und so die gefürchteten Nebelgebiete auf den Great Banks zu vermeiden, dafür die Eisberge in Kauf zu nehmen; deren wir dann, vom Passieren der Belle Isle-Straße bis durch die halbe Labrador-See, genügend hatten. Insgesamt haben wir der Zentrale der »Northern Ice Patrol« wohl an 30 Berge gemeldet. Nach einem Treffen mit dem nördlichsten Wetterschiff der Welt OCEAN STATION B und nach Passieren des Kap Farvel, schwamm im Ostgrönlandstrom noch einmal eine ganze Prozession von sonnenglitzernden Eisbergen an uns vorbei.

Verzauberte nordische Welt

Wir segeln nun ostwärts auf Hafnarfjördur. Wie immer in Island: Eine schweigende Menschenmasse auf den Molenköpfen. Erst zwischen ihnen fallen die Segel, der letzte Windhauch drückt das Schiff an die Pier. Beim Verlassen des gastlichen Hafens (der in der Hansezeit Hamburgs Stapelplatz war) hält die nordische Welt ein neues Wunder für uns bereit: Als jüngste der Westmänner-Inseln die eben aus dem Meer aufgestiegene und heftig Lava und Steinbrocken ausstoßende, aus schwarzer Asche bestehende »Insel des Surtur«, Surtsey (Surtur ist in der Sage der »Riese, der den Göttern das Feuer nicht gönnte«).
Der folgende Tag bringt, auf Süd-Ost-Kurs, das bisher höchste Etmal von 297 Seemeilen. Nach Runden von Fastnet Rock segelt das Schiff nordwärts in die Irische See hinein, bis in Sicht von Dublin, wo wir fünf Tage herzlicher Gastfreundschaft genießen.
Einem Blitzbesuch im Gareloch, Glasgow gegenüber, folgen zwei Tage herrlichen Kreuzens durch die Hebriden-See und, nach einem Windsprung, eine rasante Nachtfahrt mit 13 Knoten durch die Minch nach Norden. Wieder mit der richtigen Tide im Pentland Firth, zu früh noch für den nächsten und letzten Hafen dieser Reise, Bergen, segeln wir 20 Seemeilen in den Sognefjord hinein und ankern vor dem landschaftlich reizvollen Balestrand. Ein ebenso eindrucksvoller Abstecher vom Heimweg in den äußeren Hardangerfjord und eine vom Wind begünstigte schnelle Fahrt — in 47 Stunden von Höhe Stavanger bis auf den Ankerplatz in der Kieler Förde — lassen am 23. September eine durchaus befriedigende Reise-Bilanz ziehen: 12 700 Seemeilen hatte das Schiff zurückgelegt; zwei Drittel davon, genau 8435 Seemeilen, unter Segeln. Wachoffiziere und Lehrgang erhielten vom Durchfahren der Seegebiete von Neufundland, Labrador, Grönland wertvollen Anschauungsunterricht, ebenso wie vom späteren Durchsegeln der Irischen See, der Hebriden und der norwegischen Fjorde.
Der 17. Reise (9. 11. — 19. 12. 1964) war, jahreszeitlich bedingt, ein bescheideneres Ziel gesteckt: Tanger in Marokko. Nach den Erfahrungen der vorjährigen Ausreise Mitte November wurde, um zum Segeln freien Seeraum zu gewinnen, über Nord-Ostsee-Kanal, Zwangsweg und Englischen Kanal nur mit Maschine gefahren — eine Zeitlang auch mit Stagsegeln, um besser von Ouessant vor der bretonischen Küste freizukommen — und im portugiesischen Leixoes am 21. November nachgebunkert.
Nach einem kurzen Vorstoß ins Mittelmeer wird in der letzten Nacht der ostwärts setzende Strom in der Gibraltar-Straße langsam ausgesegelt, um am 27. November pünktlich in die weite Bucht von Tanger einzusteuern. In dieser Nacht tritt wieder mehrfach Kollisionsgefahr auf, weil Dampfer ihrer Ausweichpflicht nicht nachkommen. Es ist eine merkwürdige Beobachtung, daß das Anstrahlen der Segel, Abbrennen von Blaufeuern, selbst weiße Sterne auf ihre Brücke geschossen, sie nicht dazu bewegen können, wenn sie den seltsamen Ehrgeiz haben, unter allen Umständen vor dem Bug des Seglers vorbeizukommen.
Nach einem überwältigenden Empfang steuern wir zunächst nach Nordwesten, um in die Westwindtrift zu kommen. Am 7. Dezember wird das Schiff auf Heimatkurs gelegt. Es folgen sieben Segeltage mit Etmalen von 212 See-

meilen Durchschnitt; 291 Seemeilen sogar am 13. Dezember, an dem zunächst mit Vollzeug aus der Kanalenge heraus, dann ab Kap Gris Nez mit gekürzten Segeln in die Nordsee hineingesegelt wird. Nur noch unter Marssegeln liegt das Schiff ausgezeichnet, fast trocken, in der nachfolgenden See bei Windstärke 10.
Die drei Vormittagswachen am 13. Dezember loggen jede über 50 Seemeilen. Das Tief (975 Millibar), das uns den guten Wind verschafft hat, beginnt uns zu überholen; kurz nach 12.00 Uhr — die Mannschaft steht bereit an den Brassen — geht die Front durch, aber wir können ins Skagerrak hinein abfallen. Wäre das Schiff langsamer gewesen, hätte es sich von Hanstholm und der Jammerbucht nicht freisegeln können.
Für mein letztes Jahr als Kommandant hatte ich mir noch einmal eine Reise nach Westindien gewünscht (20. 4. — 16. 6. 1965). Ziel soll diesmal San Juan de Puerto Rico sein. Ab Ouessant wird gesegelt; vor der portugiesischen Küste, da der »Norder« ausbleibt, südwärts in langen Schlägen gekreuzt. Leider wird hinter den Kanarischen Inseln der Passat flau. Nach 26 Tagen bis St. Juan zählen wir zwölf Motor- gegenüber 14 Segeltagen.
Nach viertägigem Aufenthalt mit Ausflügen in tropische Urwälder wieder mit vollen Segeln vom Liegeplatz: Nordwärts bis 36° Nord, um aus dem Ostpassat in das Gebiet der Westwinde zu kommen, dann mit Kurs 60° auf einen Punkt 45° N 45°W, womit der nördlichere (Eisberg-verdächtigere) Teil der Neufundlandbänke vermieden wird, von diesem Punkt schließlich zum Pentland Firth.
Ganz anders verläuft die nächste, die Sommer-Reise 1965: Beginnend wieder mit den Färöer stehen europäische Häfen im Programm. Ein- und Aussegeln in der tiefeingeschnittenen Bucht von Galway, vorbei an den Aran-Inseln (»am Rande der Welt«) und ein Ankern in der Bantry Bay, reizvollste Ecke von Südwest-Irland.
Ebenso eindrucksvoll das Hineinsegeln in den Pertuis d'Antioche, wo vor der Charente-Mündung der Anker fällt. Nach Aufkreuzen der Enge zwischen den Inseln Isle de Ré und Isle d'Oléron, an Schottland vorbei, ostwärts durch den Oeresund, zum letzten Hafen dieser Reise, Stockholm.
Durch Eigenart von Landschaft, Geschichte und Bevölkerung war es sicher eine ungewöhnlich eindrucks- und erlebnisreiche Fahrt, die durch die engen europäischen Gewässer eine Vielzahl von Manövern mit sich brachte. Ein erstklassiges Schiff unter den Füßen zu haben, dem man alles — selbst einen Orkan — zutrauen kann, diese Überzeugung habe ich stets gehabt. Solches Wetter ist mir — vom einmaligen Abreiten vor Anker in der Torbay abgesehen — freilich erspart geblieben. Glück, für das ich dankbar zu sein habe, ebenso wie für die prächtige Stamm-Crew von Unteroffizieren und Offizieren, die eine echte »band of brothers« (im Nelson'schen Sinne) gebildet und mit mir die Verantwortung getragen haben.

»Die reitenden Helden vom festen Land
haben gar viel zu bedeuten;
doch stünd' es ganz in meiner Hand,
ein Meerpferd möcht' ich reiten.«
Johann Wolfgang von Goethe

Hans Engel

48

Der Passat ist erreicht. Tage voller Sonne und stetiger Winde erwarten uns. Stolz liegt der Klüverbaum im Gegenlicht (46). Nach Wochen herrlichen Segelns in den milden Regionen des Atlantiks müssen wir zurück in die stürmische Nordsee, die uns gebührend empfängt (47). Viele Stunden ist Rasmus an Bord gestiegen, hat Männer und Schiff gebeutelt — doch dann ist es geschafft (49). Die gekürzten Segel können wieder gesetzt werden. Unter Vollzeug geht es dem Heimathafen Kiel entgegen (48).

Ein Erlebnis ganz besonderer Art ist es, auf den Klüverbaum zu steigen und von dort einen Schnappschuß auf das dahinjagende Schiff zu versuchen. Hier ist man dem tobenden Element näher als irgendwo sonst auf der GORCH FOCK (50)

49

51

52

53

Nach dem Besuch von Bremen geht es im November 1962 weserabwärts, vorbei an der Seefahrtsschule (51). Zwei Monate davor war die GORCH FOCK in Göteborg. Dieses Foto entstand vor dem Einlaufen. Im Hintergrund Vinga-Leuchtturm (52). Anschließend wurde auf der Schäre Stensholmen das Grab Gorch Focks besucht

Vor einer Abschluß-Besichtigung wird noch einmal »Klar Schiff« gemacht. Nicht nur die Pflege des Schiffes und die Instandhaltung des laufenden und stehendes Guts stehen auf dem Dienstplan, sondern auch verschönernde Malerarbeiten außenbords (53)

60
58
56
54

55

56

Enter auf! Auch das schnelle Klettern in den Wanten will gelernt sein (55). Während die Füße der Kadetten über die Webleinen hasten, greifen ihre Hände nach den Hoftauen, die in erster Linie die Masten nach beiden Seiten abstützen. Nach dem Ankern vor Estoril 1964 heißt es »Segel fest!« (54). Dabei tragen die Fußpferde den Mann (56). Mit aller Kraft wird bei Schlechtwetter am Tampen gerissen (57)

Alarmtafel

59

60

Reinschiff: Vor jedem Auslandshafen wird die GORCH FOCK auf Hochglanz poliert, mit Sand und Steinen Deck (60) und Grätings (58) gescheuert. Insgeheim werden die Steine auch als »Gebetbücher« bezeichnet. Auch das laufende und stehende Gut wird gepflegt. Hier ist ein Toppsgast bei der Arbeit (59)

62

63

Nur wer die See aus unmittelbarer Nähe kennengelernt hat, weiß sie zu achten und verlernt es, sie zu unterschätzen. Ein Leutnant, ein Unteroffizier, der Navigationsoffizier und zehn Mann fahren den riemengetriebenen Kutter (62, 63). Sie legen ab und entfernen sich immer weiter von dem Schiff. Sie spüren die Einsamkeit und die Weite des großen Atlantik. Für Momente verschwindet ihre Heimat — die GORCH FOCK — hinter einer großen Welle. Wie klein ist doch der Mensch und wie unbedeutend dort, wo die Gewalt der Natur noch ungebrochen regiert (61)

64

65

66

Start zur ersten Transatlantik-Regatta 1964. Acht Rahsegler aus fünf Ländern versammeln sich vor der Tejomündung. Am 5. Juni geht es los (64). Die GORCH FOCK liegt nach dem Start an zweiter Stelle (65). Dann folgen die LIBERTAD und die CHRISTIAN RADICH (66). Doch schon um Mitternacht des Starttages kommen die letzten Lichter der Konkurrenz außer Sicht. 4000 Seemeilen Einsamkeit liegen vor uns. Die GORCH FOCK belegt bei dieser Regatta den dritten Platz

Zeit zum Aussetzen des Kutters bleibt während einer Regatta die Ausnahme. Diese Aufnahme im Gegenlicht entstand, als das Schiff in Erwartung des zurückkehrenden Kutters beigedreht lag (67).
Die Sommerreise 1965 führt die GORCH FOCK an der Hebriden-Insel Saint Kilda (68) vorbei ostwärts durch den Oeresund nach Stockholm

662

Wir suchten den Wind!

Allerhand Gedanken gingen mir durch den Kopf, als ich mit der Hand an der Mütze auf dem Podest des Steuerbord-Fallreeps der GORCH FOCK stand, um von dem scheidenden Kommandanten Abschied zu nehmen, der nach alter Tradition von seinen Offizieren und leitenden Portepee-Unteroffizieren im Kutter an Land gepullt wurde, während die an der Reeling aufgebaute Besatzung drei Hurras ausbrachte, die weit über den Kieler Hafen hallten.

Ich übernahm an diesem 23. September 1965 von Kapitän zur See Hans Engel ein Schiff, das sich in jeder Beziehung in tadellosem Zustand befand. Die Besatzung war eingefahren und gut aufeinander eingespielt. Das Schiff selbst war in allen Teilen — einschließlich der Takelage und Besegelung — in hervorragendem Wartungs- und Betriebszustand. Ich konnte das wohl beurteilen, befand ich mich doch schon seit fast zwei Jahren an Bord und hatte als Erster Offizier besonders auf die volle Einsatzbereitschaft des Schiffes und aller Sicherheitseinrichtungen zu achten gehabt.

Bereits auf meiner ersten Reise als Kommandant (28. 10. — 14. 12. 1965) hat uns der Wettergott arg gezaust! Das begann damit, daß wir gleich nach Passieren des Nord-Ostsee-Kanals während des Aufbringens der für die Kanalfahrt eingefierten Stengen Orkanwarnungen erhielten, die uns zwangen, vorerst auf Altenbruch Reede (auf der Unterelbe) vor Anker zu gehen und das Abflauen der Stürme abzuwarten.

Erst nach fünf Tagen war die Kette der Orkantiefs vorbeigezogen, und wir steckten die Nase durch schwere Grundseen aus der Elbmündung in die Nordsee.

Aber Segel konnten wir erst im Ärmelkanal setzen, als der Wind auf Nord-Ost drehte. Die allgemeine Stimmung hob sich zusehends. Mit frischer Fahrt ging es gen Westen, und wir segelten zügig bis zu den Kanarischen Inseln.

Auf den beiden Inseln Lanzarote und La Palma wurden wir sehr warmherzig und gastfrei aufgenommen. Beide Inseln, die damals erst am Anfang ihrer touristischen »Vermarktung« standen, boten uns mit ihren interessanten vulkanischen Landschaften und der kargen Lebenshaltung der Bevölkerung anregende Einblicke und Denkanstöße.

Die Rückfahrt bescherte uns wieder stürmische Winde. Mir ist noch lebhaft vor Augen, wie unser Schiff nur mit beiden Untermars-

segeln, der Vorobermars und zwei Vorsegeln bei aufgegeiter Fock (wegen des besseren Radarempfanges) in schwerer achterlicher See bei böigem Südwest-Sturm mit 12 Knoten Fahrt durch den Pas de Calais rollte.
Bei der Weiterfahrt überlief uns vor der Themsemündung am Abend des 9. 12. 1965 eine Böenfront, die im Radar bei der Annäherung wie eine Küstenlinie aussah. Mit Windstärke 12 und heftigem Regen brauste sie über uns hinweg. Die Eleganz, mit der das Schiff den gewaltigen Druck dieses Sturmes aufnahm, sich anmutig überneigte und dann mit vermehrter Fahrt davonstob, hat auf uns alle einen unauslöschlichen Eindruck gemacht und unser Vertrauen in die Seetüchtigkeit der GORCH FOCK gefestigt.
Die darauf folgende Reise in das Mittelmeer (25. 4. — 18. 6. 1966) war vom seglerischen Standpunkt wenig befriedigend, da sowohl im Atlantik als auch besonders im Mittelmeer kaum Wind anzutreffen war und daher viel mit Maschine gefahren werden mußte.
Andererseits boten die besuchten Häfen Gibraltar, Tunis und Alicante allen Besatzungsangehörigen abwechslungsreiche Tage. Den Abschluß der Reise bildete unser Besuch in dem nach Kriegszerstörung wieder aufgebauten alten Piratenschlupfwinkel St. Malo, wo wir dem gleichzeitig stattfindenden Kap-Hornier-Kongreß eine zünftige Kulisse bieten konnten.
Während der anschließenden Kieler Woche weilte der Herzog von Edinburgh, Prinz Philip, in Kiel und hatte den Wunsch geäußert, die GORCH FOCK kennenzulernen. In der Lübecker Bucht kam er — begleitet von Verteidigungsminister von Hassel, dem Inspekteur der Marine, Vizeadmiral Zenker und anderen hohen Repräsentanten — mit einem schnellen Minensuchboot an Bord der unter vollen Segeln langsam in leichter Brise dahinziehenden GORCH FOCK. Die Besatzung stand jedoch nicht in Paradeaufstellung an Deck, sondern auf Manöverstationen, da eine drohende, schwarze Gewitterwand über Neustadt auf uns zu zog.
Kaum war der Hoheitsstander des Prinzen im Großtop gesetzt und er selbst mit einem Regenmantel und Südwester versorgt, als auch schon das Gewitter über uns hereinbrach. In der nächsten halben Stunde konnte ihm das Schiff in voller, natürlicher Aktion vorgeführt werden, ohne daß wir es nötig gehabt hätten, ihm einen sog. »Türken« vorzumachen! Und weil ihm das so gut gefallen hat, schenkte er der GORCH FOCK seinen königlichen Stander, der während seines Gewitterbesuches im Großtop geweht hatte.

Naturschauspiel vor Island

Einem neuen Lehrgang (19. 7. — 17. 9. 1966) war es vergönnt, an der großen Segelschiffsparade anläßlich des 100. Geburtstages des Königlich-Dänischen Yachtclubs in Kopenhagen teilzunehmen und danach eine Segelreise voller Abwechslungen nach Holland, Island und Norwegen zu erleben. Als besondere Leckerbissen galten die Durchsegelung des Kalsö-Fjordes der Färöer und das ganz langsame Vorbeisegeln dicht unter der 1963 aus dem Meer südlich Island herausgequollenen Vulkaninsel Surtsey, auf der gerade wieder zwei neue lavaspeiende Krater ausgebrochen waren, deren Tätigkeit uns sehr beeindruckte. Noch lange in die Nacht hinein sahen wir die rotglühende Dampfwolke der im Meer verkochenden Lava wie ein Fanal am Himmel stehen. In starkem Kontrast dazu stand das nächtliche Einlaufen bei schlechtem Wetter in den Seydisfjord an der isländischen Ostküste, in dessen Innerem wir inmitten von 70 — 80 ebenfalls Schutz suchenden Fischereifahrzeugen ankerten, um ein direktes Überlaufenwerden durch das Orkantief des Ex-Hurricans »Faith« zu vermeiden.

Da das Ausbildungsprogramm der Offizierseinstellung 1966 die Durchführung einer Reise im ersten Quartal 1967 erforderte, war angeordnet worden, die Segelvorausbildung dafür im Januar in einem Hafen mit günstigerer Wetterlage als Kiel abzuwickeln. Deshalb beendeten wir die Herbstreise nach Besuch der Häfen Funchal (Madeira) und Casablanca (Marokko) in Lissabon.

Mit dem Tender RUHR wurden die Lehrgangsteilnehmer ausgetauscht, und gleichzeitig fuhr ein Teil der Stammbesatzung auf Weihnachtsurlaub. Der an Bord verbleibende Rest hat unvergeßliche Tage durch die liebevolle Betreuung der dortigen Deutschen in Lissabon verlebt.

Die Erweiterung des Aktionsradius durch den weit nach Süden vorgeschobenen Startpunkt der 24. Reise (14. 1. — 18. 3. 1967) ermöglichte erstmals den Besuch eines Hafens auf der Südhalbkugel — Recife in Brasilien. Die mit der Überquerung des Äquators verbundene Äquatortaufe wurde nach altem Segelschiffszeremoniell unter großer Heiterkeit zelebriert und fand ihren fröhlichen Abschluß in der Taufe ausgerechnet dessen, der von allen auf dem Schiff am häufigsten den Äquator überquert hatte — des Kommandanten!

Auf der Rückreise entlang der alten Segelschiffsroute, deren große S-Kurve durch das Segeln im Südostpassat und danach im Nordostpassat geformt wird, liefen wir Ponta Delgada auf den Azoren an. Am Morgen des Einlaufens überraschte uns der allseits beliebte Bordhund Whisky mit fünf, zwar nicht rassereinen, aber sehr niedlichen Jungen, die nach unserer Rückkehr schnell Liebhaber fanden.

Auch sonst hatte die Rückfahrt durch den Nordatlantik noch einige sehr handfeste Überraschungen in Gestalt einer Kette uns überrollender Sturmtiefs für uns bereit, in deren Verlauf wir den Besanbaum verloren, aber auch ein Rekord-Etmal von 298,8 sm (vom Mittag bis Mittag des 11. — 12. 3. 1967) ersegelten.

Eine zunehmende Verlagerung der Offizieranwärterausbildung in akademische Richtung brachte in der folgenden Zeit teilweise drastische Kürzungen der praktisch-seemännischen Ausbildungszeit mit sich, als deren Folge nun ein Jahr lang nur Kurzreisen von drei bis vier Wochen Dauer gemacht werden konnten.

Die Frühjahrsreise 1967 (19. 4. — 16. 5. 1967) führte nach Bordeaux. Beim Wiederauslaufen löste die Tatsache, daß wir als erstes Schiff unter der gerade feierlich und unter großer Anteilnahme der Bevölkerung eingeweihten größten Hängebrücke Europas — der Pont d'Aquitaine — unter vollen Segeln hindurchfuhren, große Begeisterung aus und hinterließ solchen Eindruck, daß die Bilder davon noch heute in Bordeaux als Postkarten und Poster gehandelt werden. In Bremerhaven endete diesmal die Reise, denn wir mußten den größten Teil der Lehrgangsteilnehmer auswechseln und neu ausbilden.

Die folgende Reise dauerte nur 17 Tage und führte nach Trontheim. Danach ging das Schiff erstmalig im Sommer in die Werft zur Überholung

Eine wunderschöne Herbstreise (19. 10. — 8. 11. 1967) führte uns ins zauberhafte Got-

land mit seinem verträumten Visby. Ein Abstecher nach Lübeck rundete diese hübsche Reise ab.
Eine Kurzreise nach Sunderland (27. 11. — 21. 12. 1967) war von einer außerordentlich stürmischen Überfahrt von Skagen bis zur englischen Ostküste geprägt. Der ohnehin sehr kleine Lehrgang und die eine dritte Wache bildende Stammbesatzung wurden dabei recht gefordert, was besonders sportliche Einsatzfreude auslöste.
Einer Einladung unserer Patenstadt Hamburg folgend, segelten wir auf der nächsten Kurzreise am 28. 2. 1968 die Elbe hinauf. Trotz des üblichen Hamburger Winter-Schmuddelwetters von riesigen Menschenmengen an den Ufern begrüßt, erreichten wir den Hafen unter vollen Segeln und machten für einen ereignisreichen Besuch an den Landungsbrücken fest.
Im Frühjahr konnten wir endlich wieder in Blauwasser segeln, denn die Fahrt ging nach Teneriffa und der Azoreninsel Faial (22. 4. — 25. 6. 1968). Im freien Seeraum des Atlantik konnten wir auch eine genügend lange Strecke segeln, um unsere Anwartschaft für die »Boston Teapot Trophy« zu erneuern. Dieser wertvolle Wanderpreis wurde der GORCH FOCK für die auf dieser Reise gesegelten 976 Seemeilen in 124 Stunden bereits zum dritten Mal zugesprochen (1965, 1967, 1968).
Auf der Heimreise begegneten wir in nebligflauem Wetter bei den St. Kilda Rocks, westlich der Hebriden, besonders starkem Leben in der Luft und im Wasser. Außer vielen uns umfliegenden Basstölpeln und Eissturmvögeln sahen wir zahlreiche Tordalke und die drolligen Papageientaucher mit ihren großen bunten Schnäbeln.
Die alle zwei Jahre von der englischen »Sail Training Association« veranstaltete internationale Schulschiffregatta war für 1968 auf der Strecke Göteborg — Fair Isle — Kristiansand ausgeschrieben.
Der Regattastart bei schönstem Sonnenwetter und leichter Brise wurde von 10 – 12 000 Booten aller Größen beobachtet. Der Wind flaute bald ganz ab. Unzählige Segelmanöver und energisches Umtrimmen des Schiffes führten uns nach drei Tagen als Erste aus dem Skagerrak heraus. Wir bekamen guten Wind und konnten zügig die inzwischen verkürzte Regattastrecke absegeln. Weit vor den Konkurrenten unserer Klasse, SÖRLANDET und CHRISTIAN RADICH, passierten wir die Ziellinie. Unsere Siegespreise, wie auch die im Vorjahr ersegelte »Boston Teapot Trophy«, erhielten wir aus der Hand König Olafs von Norwegen. Weiter segelte GORCH FOCK zu den Hebriden und nach Südirland
Auf der Fahrt von Stornoway nach Cork begleitete mich zu meiner Freude der Marineattaché der Deutschen Botschaft in London, mit dem ich 40 Jahre zuvor auf einem echten großen Windjammer das berüchtigte Kap Hoorn umsegelt hatte.
Im Januar 1969 übergab ich das Kommando an Kapitän zur See von Witzendorff. Nun stand er auf dem Fallreepspodest und grüßte zu mir herunter, während die Offiziere und leitenden Portepee-Unteroffiziere mich unter den Abschiedshurras der Besatzung mit dem Kutter an Land pullten.
Für mich ist die Fahrenszeit auf der GORCH FOCK eine in jeder Beziehung positive Erinnerung, und ich habe mich immer bemüht, auch denen, die mit mir fuhren, dieses positive Erlebnis zu vermitteln.
Glückhafte Fahrt, GORCH FOCK!

Peter Lohmeyer

Bewährung in der Gemeinschaft

Aus den Anfängen der Segelschiffszeit heraus bis in die heutige Zeit geht die Ausbildung von jungen Seeleuten in der Seemannschaft bei den verschiedensten Nationen an Bord von Segelschiffen vor sich. Einige haben in der Neuzeit nun die Segelschiffe abgeschafft und gehen andere Wege.
Immer wieder stellt jetzt die Öffentlichkeit und die Fachwelt die Frage, was ist nun richtig, in welcher Ausbildung liegt die höchste Effektivität? Kann man es im Zeichen der Technik überhaupt vertreten, junge Menschen auf Schiffen ausbilden zu wollen, die längst der Vergangenheit angehören? In der Zeit der Segelschiffe war es natürlich und notwendig, daß der junge Mann mit den technischen Eigenarten eines Seglers vertraut gemacht wurde und daß er sich hier die seemännische Praxis erwarb. Es waren die Segler gemeint, wenn man von hölzernen Schiffen und eisernen Matrosen sprach. Diese speziellen Eigenarten des früheren Segelschiffsmatrosen, die Übersicht, das schnelle Reaktionsvermögen, der Wagemut mit dem unerhörten Einsatzwillen waren es, die Veranlassung gaben, die Segelschiffe als Schulschiffe, sei es für die Handels- oder für die Kriegsmarine beizubehalten.
Der junge Mensch kann nicht gleich auf die Errungenschaften modernster Technik angesetzt werden, er muß oder sollte vorher die ersten Schritte in seinem zukünftigen Beruf erlernen. Hier bietet sich rein von der Sache her der Segler vorzüglich an. Die weiten Decks erlauben Unterricht in jeder Form; in der heutigen Zeit der festgelegten Abläufe, in Termine gepreßt, erlebt der junge Mann auch hier das Schiff unter Motor, wie er es bei jedem anderen Schiff erleben würde, doch zusätzlich kommt die Ausbildung im Rigg dazu, welche die bereits aufgezählten Eigenschaften bei dem jungen Menschen schafft und vervollkommnet.

Teamgeist und Leistung

So ist es gewiß ersichtlich, daß die berufsbezogene Ausbildung auf einem Segelschiff von hohem Wert ist. Aber diese Möglichkeit der Ausbildung ist nicht das allein Entscheidende. Die heutige Zivilisation, die Überbevölkerung der Städte, der zeitbedingte Streß haben den Menschen in weitem Umfang der Möglichkeit beraubt, sich natürlich entwickeln und formen zu können. Diese Formung des Charakters ist es, die der Segelschiffsausbildung ihren hohen Wert gibt. Kein geringerer als der bekannte Pädagoge Kurt Hahn erkannte die charakterformende Wirkung und ließ seine Schüler in mannschaftsdienlicher Weise als Crews auf Segelbooten fahren. Er versprach sich dabei die Entwicklung der Tugenden, die der gute Seemann in sich birgt: Wachsamkeit, Zuverlässigkeit, Ausdauer, siegreiche Geduld, Kaltblütigkeit, Brüderlichkeit, Glaube an die Kraft des Menschen und Demut vor Gott.

Die heute so kritische Jugend ist eher bereit, auf einem Segler Autorität und Erfahrung anzuerkennen, denn der Druck, die Leistungsforderung, wird durch das Element erbracht, ihr hat sich jeder, vom Kapitän bis zum Schiffsjungen bzw. Schüler zu stellen. Diese Gleichheit im Bestehen von Strapazen und Anstrengungen erwecken kameradschaftliches Gefühl, Teamgeist und Anerkennung der Leistung des Nächsten. Selbstverständlich muß sich die Führung eines Schiffes der Besatzung gegenüber einen zeitgerechten, den Aufgaben der Charakterschulung gemäßen Stil zulegen.

Die oft erzählten Geschichten von dem rauhen Kapitän, der mit unverständlicher Härte seine Schiffsjungen quälte, haben der Vergangenheit anzugehören. Sportliche, freudige Kameradschaft muß die Grundlage der Führungslinie sein. Vorleben ist hier mehr als sonst die Forderung an die Führung. Dann ist die Jugend, die nach Vorbildern und nach Möglichkeiten, sich zu bewähren sucht, bereit, mit Begeisterung und Schwung mitzugehen.

Unvergessene Erlebnisse

Eine Reise auf einem Großsegler birgt nicht eine ununterbrochene Reihe von Abenteuern. Oft ist es gerade eine gewisse Monotonie, ein gleichmäßiger Ablauf von Tag- und Nachtwachen, der beeindruckt und prägt. Aber dazwischen leuchten natürlich unwiederbringliche Erlebnisse, die sich für immer ins Gedächtnis heften. Es braucht nicht immer ein Orkan oder ein großer Regattasieg zu sein, es sind Naturereignisse oder kleine Erlebnisse am Rande, die einen so begeistern können.

Ein paar Beispiele hierfür seien genannt:

Wir segelten von Agadir kommend an der irischen Westküste und versuchten, den für die größte Distanz in festgesetzter Zeit ausgesetzten Pokal, den Teapot, zu ersegeln. Wir hatten gute Etmale gelaufen, aber es war naß und kalt, und die Wachen waren abgekämpft und schauten aus salzverkrusteten Augen müde auf die See. Da brach plötzlich die Sonne aus den Wolken und spiegelte sich auf dem nassen Deck. Ein Jubel ohnegleichen brach unter der Besatzung aus, wie man es aus solchem Anlaß kaum sonst erleben kann.

Wir lagen in Messina. Morgens Auslaufen. Bei steifem, westlichem Wind drehten wir unter Segeln um eine Heckleine von dem Kai ab. Dann wurden noch im Hafen die restlichen Segel gesetzt, der Lotse hatte Mühe, von Bord zu kommen. Unter vollen Segeln steuerten wir in die Straße von Messina ein und liefen in Kürze 14 Knoten. Das herrliche Panorama, die tiefblaue See mit weißen Köpfen, das Schiff unter vollen Segeln, hohe Gischt aufwerfend dahinjagen zu sehen, muß ein unvergleichlicher Anblick gewesen sein. Der Kommandant eines vorbeilaufenden italienischen Zerstörers übermittelte mir den Morsespruch: »Kapitän, Sie können nicht wissen, wie schön Ihr Schiff ist«.

Aus dem Atlantik kommend, steuerten wir

vor steifen westlichen Winden unter der französischen Küste im Englischen Kanal auf Heimatkurs. Es war Vollmond, die Lichter der französischen Küste glitzerten herüber. Wir zogen hinter einer hohen Hecksee ein breites silberglänzendes Kielwasser hinter uns her und neben uns lief als Mondspiegelung auf der See die GORCH FOCK unter vollen Segeln, bis in alle Einzelheiten der Takelage genau abgebildet. Ein unfaßliches Bild, schön, selten und nie zu vergessen. Das sind einfach Eindrücke, derer man sich nicht erwehren kann und die sich einem für immer einprägen.

Sie erfüllen die Brust des jungen Mannes voller Stolz. Es ist nicht die Leistung des Kapitäns, es ist nicht dessen Schiff, nein, es ist seine Leistung und sein Schiff. Hier, wo hohe und harte Anforderungen an jeden einzelnen gestellt werden, hier kann sich Selbstvertrauen, selbständiges Handeln und Stolz auf eigenes Können entwickeln. Und so, wie die Leistung des Einzelnen sich auf die gesamte Besatzung niederschlägt, so trifft auf einem Segler das Versagen des Einzelnen auch die Gesamtheit. Das ist der Boden, auf dem Kameradschaft, Freundschaft und gegenseitiges Vertrauen wächst und wo die Bereitschaft, dem Nächsten zu helfen und zur Seite zu stehen, eine unabdingbare Forderung ist. Das ist der Crewgeist, der die Mannschaften großer Segler auszeichnen soll.

Die Zukunft der Segelschulschiffe

Wenn ich nun einen Blick in die Zukunft der Schulsegler wagen darf, so möchte ich im Hinblick auf die kleinen Boote sagen, daß für sie keine Gefahr besteht. Die Segelschulen und Ausbildungsstätten sprießen aus dem Boden. Das Wort Segelsport hat eine Faszination, die Meere haben Platz und Weite, hier ist noch die Möglichkeit zur Entwicklung. Ich sagte Sport — er wird in vielen Berufszweigen an die Spitze der Ausbildung gestellt, sein Wert ist unbestritten. Nur bei der Beurteilung der Segelschiffsausbildung wird dieser Begriff nie angewandt, warum nicht? Ich kann es nicht beantworten. Mir scheint die Auslassung gezielt von denen zu kommen, die die Segelschulschiffe nicht mehr dulden wollen. So darf ich sagen, daß es die großen Rahsegler sind, die sich in Gefahr befinden. Sie, die letzten Zeugen einer vergangenen Zeit höchster persönlicher Leistung, größter Anforderungen an Wagemut und Seemannschaft, sind in Gefahr, aufgrund ihrer Unterhaltskosten und des Fehlens an Mannschaft außer Dienst gestellt zu werden.

Die Sail Training Association, eine Vereinigung von Freunden des Hochseesegelns auf Groß- und Schulseglern, vertreten in vielen Ländern, hat es sich zur Aufgabe gemacht, die Schulschiffe und Yachten mit Schülern und nicht mit eingefahrenen Seglern — außer der Führung an Bord — zu gemeinsamen Regatten über See aufzurufen. Hier entscheidet nicht allein der Sieg, sondern die Teilnahme und das Erreichen des Zieles. Dieser Gedanke der STA, das Treffen der Schiffe aller sich dafür interessierenden Nationen, — eine herrliche Idee —, die Jugend und nicht nur Spitzensportler auf großen Seglern zu gemeinsamer Fahrt zusammenzurufen, ihnen Gelegenheit zu geben, in gemeinsamer Anstrengung ein fernes Ziel zu erreichen, ein Abenteuer zu bestehen, sich in der Gemeinschaft zu bewähren.

Die Jugend hat sich oft beklagt, daß ihr nicht genug Gelegenheit zur Bewegung, zu Sport

und Spiel, letzthin zum Austoben gewährt wird. Hier auf den Großseglern ist Platz dafür, und das Element und nicht der Mensch fordert sie. Hier ist auch Gelegenheit, sich mit Schiffen anderer Nationen zu treffen und die Jugend, die führende Generation von morgen, zum gegenseitigen Verständnis zusammenzuführen.
Ich sehe in dem Großsegler eine einzigartige Charakterschule, ein Instrument, der Jugend zur Pflege anvertraut, eine Möglichkeit, sich mit der Jugend anderer Nationen zu finden, eine letzte Chance, in unserer realistischen Welt ein Abenteuer bestehen zu dürfen und sich an der Freude des persönlichen Einsatzes und Erfolges berauschen zu können. Hier kann der Enge der heutigen Zivilisation entronnen werden, hier kann der junge Mensch sich auf sich selbst besinnen. Mögen führende Männer und maßgebliche Institutionen diese Möglichkeit erkennen und mithelfen, den Großsegler zu erhalten! Ein unter vollen Segeln in einen fremden Hafen einlaufender Großsegler ist der glänzendste Botschafter, den eine Nation der anderen senden kann. Um die ursprüngliche Natur zu erhalten, werden Naturparks geschaffen, möge aus gleichem Gedanken doch danach gestrebt werden, Großsegler in Fahrt zu halten. Man macht der Jugend ein Geschenk und bereitet anderen eine Freude.

Ernst von Witzendorff

72

Segelsetzen bei raumem Wind. Vor- und Großbram und Royals sind schon losgemacht und müssen nur noch gesetzt werden (69).
Stürmische Nordsee im November 1967. Bei der Überfahrt von Skagen zur englischen Ostküste wurde der ohnehin sehr kleine Lehrgang kräftig gefordert (70).
Übung macht den Meister: Manöver zur Wiederaufnahme der Rettungsinsel nach einer Übung (71) in der Nordsee.
Prominenz konnten die Kommandanten der GORCH FOCK stets an Bord begrüßen. Während der Kieler Woche 1966 besuchte der Herzog von Edinburgh, Prinz Philip — begleitet von Verteidigungsminister von Hassel und dem Inspekteur der Marine, Vizeadmiral Zenker —, das Schiff (72).
Stunden, die keiner, der dabeigewesen ist, vergessen wird: Wenn das Schiff unter dem stetigen Druck des Passats in südliche Breiten segelt und die Freiwache an Deck sitzt, wird ein Shanty angestimmt (73).
In diesen Breiten kann es dann auch heißen: Hai bi't Schipp. Der unerbittliche Gegner des Seemanns wird wild um sich schlagend bis zur Reling hochgezogen (76), wo seinem Leben mit einem Pistolenschuß ein Ende gesetzt wird. Damit der Hai niemanden verletzen kann, wird ihm eine Spillspake in das Maul geschoben (75). Dann wird als Trophäe für den Klüverbaum die Schwanzflosse abgehackt (74) — eine Beschwörung für guten Wind

75

76

Die Reise ist zu Ende. Unter den Klängen des Musikkorps legt die GORCH FOCK an der Blücherbrücke an. Viele Angehörige erwarten die heimkehrenden Seeleute nach wochenlanger Trennung. Dann wird manch fröhliches Seemannsgarn gesponnen (77).
Doch schon bald ist ein neuer Lehrgang an Bord und es heißt wieder: Anker auf!
Von zwei Schleppern dirigiert, verläßt die GORCH FOCK Kiel zu einer neuen Ausbildungsreise (78)

Am Tage der Eröffnung der Pont d'Aquitaine über die Garonne bei Bordeaux fährt die GORCH FOCK mit vollen Segeln unter diesem technischen Meisterwerk hindurch (79)

Einsam segelt die GORCH FOCK durch den nordischen Sommer. Ziele sind Island und Norwegen. Auf der Walfangstation Hvaefjord bei Reykjavik wird ein Wal abgespeckt (82). Als besondere Attraktion dieser Reise wurde die Durchsegelung des Kalsö-Fjordes der Faröer und das langsame Vorbeisegeln an der südlich von Island gelegenen Vulkaninsel Surtsey empfunden. Dann ging es hinüber zur norwegischen Küste (80). Abschied nehmen kann manchmal schwer sein, denn die Liebe der Matrosen ist kurz, aber heftig (81). Eine Kette von Sturmtiefs überrollt die GORCH FOCK (83). Aber bald ist der schützende Hafen erreicht, und die Segel können festgemacht werden (84)

Besanschot an!

Dort, wo die Belle-Isle-Straße die Neufundlandinsel von Labrador trennt, segelt einsam ein Schiff durch den nordischen Sommer. Eines Tages aber schwimmen Eisberge um das Schiff. Eisberge so groß und hoch wie mehrstöckige Häuser. Der Kommandant kennt seine Männer und weiß, daß sie starken Tobak lieben, wenn es heißt, etwas zu erleben. Verbunden mit einem Manöver, läßt er einen Kutter aussetzen. Nur wer die aufgewühlte See aus unmittelbarer Nähe kennengelernt hat, kalt, mitleidlos und bar aller Kompromisse, weiß sie zu achten und verlernt es, sie zu unterschätzen. Ein Leutnant, ein Unteroffizier, der Navigationsoffizier und zehn Mann fahren den riemengetriebenen Kutter, und dann schiebt sich ein gewaltiger Eisberg zwischen sie und das große Schiff, das ihnen bisher immer so sicher erschien. Sie spüren die Wildnis der nordischen Einsamkeit, die glitzernde Kälte des grünblauen Berges, die unendliche Unbezwingbarkeit der stahlgrauen See und die bombastische Wucht der in greifbarer Nähe sich überschlagenden riesigen Fischleiber.

Wie klein ist der Mensch und wie unbedeutend, dort, wo die Gewalt der Natur noch ungebrochen regiert.

Nordlandfahrt

Tage später! Windstärke 7 in der Labradorsee. Die Nacht ist naßkalt, die Sicht schmierig und schlecht. Die Männer an Bord denken an die treibenden Eisberge. In gleichmäßigem Rhythmus leuchtet im Kartenhaus der Radarschirm auf. Aber mit welcher Sicherheit erfaßt ein Radargerät Eisberge? Mit seinen 1,5 Knoten Fahrt steht das Schiff fast auf der Stelle. »Radarkontakt in 030°!« Die Meldung des Radarmaaten zerreißt die wachsame Stille. Schiff oder Eisberg? Peilung und Abstand wandern auf dem Plottisch in die Koppelspinne. Der verdoppelte Ausguck meldet große Eisschollen recht voraus und gibt damit die unmißverständliche Antwort auf die Frage. Unwirklich weiß leuchten die Eisschollen in der stürmischen, nachtdunklen See. Ruderkommandos, gespannteste Aufmerksamkeit. Wie ein großer heller Schatten zieht der Eiskoloß vorbei und verschwindet im Dunkel der Nacht. Unter Deck schlafen die Kameraden. Für ihre Sicherheit zu sorgen und ihr blindes Vertrauen durch ständige Wachsamkeit zu rechtfertigen, ist höchste Pflicht und schönster Lohn zugleich.

Die Küste von Grönland kommt in Sicht. Mit

glutrotem Schein strahlt die sinkende Sonne die Wolken über dem nun tiefschwarz erscheinenden, zerrissenen Felsmassiv an und gibt ihm das Aussehen von dunklen, bizarren Burgruinen vor einem flammenden Hintergrund.
Die Buchten und Fjorde sind übersät mit Eisbergen und Schollen aller Größen. Immer wieder neue Giganten lösen sich hier in einem nie endenwollenden Ablauf von den gewaltigen, bis in die See reichenden Festlandgletschern des grönländischen Inlandeises und ziehen als schwimmende Eisberge langsam mit dem Ostgrönlandstrom nach Süden. Das Eis aber ist Jahrhunderte alt.
Die Menschen des Nordens sind verschlossen und meist nur schwer zugänglich. So ist es auch mit den Bewohnern von Hafnarfjördur, dem historisch so bedeutungsvollen isländischen Hafen nicht weit von Reykjavik. Sie fragen nicht unbedingt als erstes nach der Nationalität eines einlaufenden Segelschiffes, sondern beobachten vor allem zunächst kritisch seine Manövrierfähigkeit und den Zustand seiner Takelage. Sind sie aber erst von der seemännischen Leistung der Besatzung überzeugt, dann bringen sie dieser auch ihre Hochachtung zum Ausdruck. Kein besserer Gesandter seines Landes wäre bei den seefahrenden Nordländern denkbar, als die seemännisch geschulte, diszipliniert und höflich auftretende Besatzung eines gut gesegelten und gut geführten Segelschulschiffes.
In anerkennendem Schweigen stehen die Isländer dichtgedrängt in dem kleinen Hafen und schauen dem Schiff zu, wie es mit besonders günstigem Wind, ohne seine Maschine zu benutzen, bis an die Pier segelt. Es ist der dritte Besuch des Seglers in diesem Land voller seltenster Naturschönheiten.
Kaum 15 Seemeilen von der felsigen Südküste entfernt liegt die einsame, von ständiger Brandung umspülte Inselgruppe der Westmänner. Sie ist durch gewaltige Eruptionen eines in voller Tätigkeit befindlichen vulkanischen Prozesses die Geburtsstätte neuen Landes aus der Tiefe des Meeres. Ein Segelschiff kann sich hier nur sehr vorsichtig von der Luvseite her nähern.
Die Reise neigt sich dem Ende zu. Zwar werden noch fünf Wochen vergehen, in denen die Männer an den Küsten Irlands und in Bergen, der alten norwegischen Hafenstadt, Freunde für sich, ihr Schiff und ihre Heimat finden werden. Dann aber wird dieses Schiff nach fünf langen Monaten Fahrenszeit endlich seinen Heimathafen wiedersehen.

Sturmreisen

Noch beeindruckt vom Besuch der 3000 Jahre alten spanischen Hafenstadt Cadiz begibt sich die Besatzung des Segelschulschiffes GORCH FOCK am 13. November 1972 auf die Reise von den sonnigen Breiten Spaniens hinaus auf den Atlantik. Es gilt, innerhalb von zehn Tagen den Hafen von Cork in Südirland zu erreichen, von dem aus — nach einem viertägigen Aufenthalt — die Heimreise angetreten werden soll.
Am 19. 11. vormittags — das Segelschiff befindet sich rund 60 sm südlich der irischen Küste — veranlassen ständig steigende Windstärken die Schiffsführung, Ober- und Bramsegel und bald darauf noch weitere Segel bergen zu lassen. Kräftige Regenschauer bringen starke Sichtverschlechterungen, und zum erstenmal in der Geschichte des Schiffes wird der Wind in einer heulenden Bö mit einer Stärke von Beaufort 12 gemessen. In der auf-

gepeitschten See und mit weiter ansteigenden Windstärken müssen nun alle restlichen Segel bis auf die beiden Untermarsen, zwei widerstandsfähige »Sturmsegel«, geborgen werden. Die ersten Brecher steigen auf das tiefer liegende Mitteldeck und setzen es mit einem solchen Schwall unter Wasser, daß die Männer Mühe haben, sich an den rechtzeitig gespannten Strecktauen gegen die Fluten an Deck zu halten. Der Wind behält jetzt über fünf Stunden volle Stärke 11 bei, wobei in den dicht aufeinander folgenden Schauerböen laufend Windstärken mit Beaufort 12 gemessen werden.

Am Nachmittag liegt das Schiff mit den inzwischen ebenfalls geborgenen Untermarsen unter kleinster Sturmbesegelung beigedreht in der aufgewühlten See, in der es sich jedoch hervorragend ruhig verhält und dabei langsam nach Lee driftet.

Gegen 20 Uhr entschließt sich der Kommandant, den Marsch trotz Windstärke 11 unter Sturmbesegelung fortzusetzen. Um Mitternacht frischt jedoch der Wind erneut bis zu 12 Stärken auf, wobei Wellenhöhen von zehn bis zwölf Metern beobachtet werden. Dabei fliegt in einer besonders heftigen Bö ein Sturmsegel aus den Lieken, und gleich darauf bricht die Schot eines weiteren Stagsegels. Meterlange Funken blitzen durch die stockdunkle Nacht, hervorgerufen durch das Schlagen der aus Stahldrahttauwerk gefertigten Schotschenkel mit den daranhängenden Schäkeln an die Stahlvorläufer der Brassen. Erneut werden alle Segel geborgen und das Schiff so beigedreht, daß es mit 2,5 Knoten in Richtung des Zielhafens parallel zur irischen Küste driftet. Jetzt endlich können der Besatzung einige Stunden Ruhe gegönnt werden. Nachdem durch die an Deck befindliche Segelwache die nächtlichen Schäden behoben sind, werden frühmorgens trotz Windstärke 10 erneut die Segel gesetzt.

Am Vormittag kommt die lang ersehnte irische Südküste in Sicht, und am frühen Nachmittag ist dann das Feuerschiff erreicht, das der GORCH FOCK den Weg zum schützenden Hafen von Cork zeigt.

Niemand ahnte, daß dies noch nicht der schwerste Sturm, die stärkste Zerreißprobe gewesen war. Als ein Jahr später die Herbstreise mit tagelangen Flauten und Sonnenschein begann, meinten viele, vom Aberglauben geleitet, der neueingebaute Windmesser müsse Schuld daran sein, daß es nun auch nicht mal im Herbst mehr anständigen Wind zum Segeln gäbe. Auf der Rückreise von England durch die Nordsee aber sollten alle ganz plötzlich eines Besseren belehrt werden.

Es ist der 17. November 1975. Wir liegen in Portsmouth. Um 10.28 Uhr heißt es Leinen los. Das Schiff wird von der Pier abgezogen und in Böen bis Stärke 10 bei Unterstützung durch eigene Maschinenkraft auf Auslaufkurs gedreht, worauf sofort die Segel bis einschließlich der Obermarsen gesetzt werden. Ständiges weiteres Auffrischen des Windes veranlaßt bald Lotsen und mitfahrende Gäste, die Schiffsführung zu ersuchen, das Ausbooten so früh wie möglich, noch im Schutze der Küste, durchzuführen. Das Ausbooten erfolgt bei gesetzten Untermarsen und überkreuz-gebraßten Rahen trotz Windstärke 11 reibungslos.

Unter der Besegelung der Unter- und Obermarsen ist das Schiff bei dem relativ geringen Seegang gut zu handhaben, obwohl der Sturm in Böen Windstärke 12 erreicht. In einer heftigen Böe werden Innen- und Außenklüver aus den Lieken geschlagen und sind

nicht mehr zu verwenden. Ein ständiges Rechtdrehen des Windes auf nördliche Richtungen läßt frühzeitig erkennen, daß bei den vorherrschenden Sturmstärken der Kanalausgang zur Nordsee nicht passiert werden kann. Um Schiff und Besatzung nicht unnötig in Gefahr zu bringen, wird daher der Entschluß gefaßt, unter der Küste bei Beachy Head vor Anker zu gehen, um das schwere Wetter abzuwarten. Um 17.43 Uhr wird 1,5 sm südwestlich von Beachy Head auf Position 50° 43,0′ Nord 00° 11,4′ Ost auf 25 m Wasser mit 6 Schäkel zu Wasser geankert.
Unmittelbar mit beginnendem Rückdrehen des Windes auf nordwestliche Richtung geht das Schiff am nächsten Nachmittag Anker auf, um den Marsch in die Nordsee unter Segeln fortzusetzen. Alle Segel gesetzt. Der Kurs wird dicht unter der englischen Küste abgesetzt. Um 23.25 Uhr wird die Linie Dover — Calais passiert.
Da ein Rechtdrehen des Windes nicht ausgeschlossen werden kann, wird nach Verlassen des Kanals ein möglichst nördlicher Kurs gesteuert, um rechtzeitig eine günstige Luvposition zu ersegeln. In den Nachmittagsstunden des 19.11.1975 nimmt der Wind erneut bis Stärke 9 zu, so daß zunächst die Royal- und bei Dunkelwerden die Brametage geborgen werden muß. Für die Nacht werden zusätzlich das Großsegel und der obere Besan geborgen.
In den Morgenstunden frischt der Nordwest weiter auf und erreicht Stärke 11. Da nun bei ständigem weiteren Rechtdrehen des Windes damit gerechnet werden muß, daß das Schiff bei der starken Abdrift und den vorherrschenden Sturmstärken auf die dänische Küste gedrückt werden kann, wird bei weiterem Segelkürzen zusätzlich die Maschine eingeschaltet, um so die Abdrift möglichst gering zu halten. In der zweiten Vormittagshälfte erreicht der Wind erneut Stärke 12, es werden in Böen Spitzengeschwindigkeiten bis zu 74 Knoten am Windmesser abgelesen. Das Schiff wird nun mit vier Stagsegeln, dem unteren Besan und der Maschine in einem Winkel von 40° — 60° zu Wind und See beiliegend gehalten.
In den frühen Nachmittagsstunden schwankt der stark böige Wind zwischen 11 und 12, wobei sich eine steile hohe See aufbaut. Da das Schiff nun mitunter so viel Wasser schöpft, daß zeitweilig das gesamte Mitteldeck unter Wasser steht, werden sämtliche Lehrgangsteilnehmer bis auf die Rudergänger unter Deck befohlen, der Ausguck wird eingezogen und ein totaler »Schotten-dicht-Verschlußzustand« hergestellt. Sämtliche notwendigen Bedienungsarbeiten an den verbliebenen stehenden Segeln werden nur noch von den Offizieren sowie den seemännischen Portepeeunteroffizieren und den Unteroffizieren der Stammbesatzung durchgeführt. Gegen 15.00 Uhr hat der Wind so weit auf Nord gedreht, daß nun mit einem Kurs von 070° die dänische Küste direkt angesteuert werden muß. Dieser akuten Gefahrensituation muß vor Eintreten der Dunkelheit durch ein Wendemanöver begegnet werden. Bei einem vorübergehenden Abflauen des Windes wird daher die günstige Situation sofort genutzt, um mit Hilfe des mittschiffs genommenen Besan und der Maschine das Schiff auf den anderen Bug zu legen, wonach die während des Manövers geborgenen Stagsegel zum Stützen sofort wieder gesetzt werden.
Ein Rückdrehen des Windes auf West — Nordwest erlaubt in den Morgenstunden des 21. November das Ansteuern der südnorwegischen Küste, ohne daß dazu noch weitere Mo-

torhilfe in Anspruch genommen werden muß. Zu diesem Zweck wird das Schiff gewendet, und es werden nacheinander alle Segel bis auf die Royaletage gesetzt.
Die auf dieser Reise in ihrer obersten Spitze erreichte Windanzeige von 74 Knoten, am neuen Windmeßgerät des Kartenhauses durch den Kommandanten abgelesen, stellt wohl das absolute Höchstmaß seit der Indienststellung des Schiffes dar. Nach kurzer Wetterberuhigung brist es jedoch im Laufe des Abends erneut bis Stärke 11 auf, in Böen wird Windstärke 12 gemessen. Durch die Enge des zur Verfügung stehenden Seeraumes im Westausgang des Skagerrak ist an ein Beidrehen nicht mehr zu denken. Der Not gehorchend wird unter Stagsegeln, der Fock, beider Untermarsen und des unteren Besan weitergesegelt. Erst nach Durchgang einer Kaltfront beginnt endlich ein deutlich spürbares ständiges Abflauen des Windes.
Der schwerste Sturm, den das Schiff seit seiner Indienststellung erlebt, ging nach tagelangem erbitterten Kampf zu Ende, und das in diesen Fällen unerläßliche »Besanschot an« läßt, wie so oft schon, schnell alle Entbehrungen in den Hintergrund treten.

Großseglertreffen in den USA

Die Vereinigten Staaten von Amerika hatten es sich nicht nehmen lassen, die Feierlichkeiten aus Anlaß ihrer 200jährigen Unabhängigkeit mit einem Großseglertreffen zu krönen, das am 4. Juli 1976, dem Unabhängigkeitstag, in einer Windjammerparade auf dem Hudson-River vor der Skyline von New York gipfeln sollte. Zu diesem Zwecke wurden von der Sail Training Association (STA) drei Zubringerregatten ausgeschrieben. Diese lagen jedoch für die Ausbildungsaufgaben der GORCH FOCK so ungünstig, daß nur eine Teilnahme an der Regatta von Bermuda nach Newport mit dem vorgesehenen Lehrgangsablauf koordiniert werden konnte, wobei ein Lehrgangswechsel in Newport/Rhode Island eingeplant werden mußte, um überhaupt eine Teilnahme des deutschen Segelschulschiffes zu ermöglichen. Bei der ersten Regatta, die in Plymouth begann und auf Teneriffa im Hafen von Santa Cruz endete, gingen fünf Großsegler an den Start. Es waren die beiden russischen Schulschiffe TOWARISCHTSCH und KRUSENSTERN, das norwegische Vollschiff CHRISTIAN RADICH, die DAR POMORZA aus Polen und die Brigantine PHOENIX aus Irland. Mysteriös erscheinende und für die meisten der mitsegelnden Besatzungen unerklärliche Abläufe während dieser Regatta, bei denen man von verschiedener Seite die russischen Schiffe der unerlaubten Motorenhilfe bezichtigte und ihnen damit Maschinenmißbrauch vorwarf, ließen es schließlich zu einem Protest gegenüber dem russischen Segelschulschiff TOWARISCHTSCH kommen.
In der engen Bucht von Hamilton drängten sich die rahgetakelten Großsegler sowie mehrere Schoner und viele große Yachten. Am Start befinden sich schließlich 18 Großsegler, die Mehrzahl von ihnen drängt sich in ein Gebiet luvwärts der Startlinie.
Dann erfolgt der Ankündigungsschuß, und im gleichen Augenblick gehen an Bord der GORCH FOCK alle Vorstagsegel hoch! Mit Hart Backbord-Ruder wird das Schiff um 90° gedreht und liegt nun in Startrichtung. Nach dem Vorbereitungsschuß, kaum vier Minuten vor dem Start, beginnt das weitere Segelsetzen. Während das Schiff Fahrt aufnimmt, die Distanz zur Startlinie kleiner wird, fällt

der erlösende Startschuß. Nun gibt es kein Halten mehr, die Obersegel fliegen nur so hoch. Zwei Minuten nach dem Schuß wird unter Vollzeug die Startlinie passiert, das Schiff hat gut Fahrt aufgenommen, der Start ist uns geglückt. Andere waren weniger glücklich; vier Frühstarts sind zu verzeichnen; zwischen der JUAN SEBASTIAN DE ELCANO und der LIBERTAD kommt es zu einer Kollision.
Wir steuern etwas höher als den richtigen Kurs, luven also an, dadurch kommen die Stagsegel besser zum Tragen und unsere Fahrt nimmt zu, es gelingt uns zusehends, uns vom Feld zu lösen. Nach 30 Minuten liegen wir vorne.
Die Nacht über machen wir noch gute Fahrt bei leichten achterlichen Winden, keiner der anderen Segler kommt uns auf. Am Morgen des 21. sind wir dann allein. Der Wind wird immer schwächer. Am Abend des 22. ist es dann soweit, Flaute! Den ganzen 23. liegen wir nahezu auf der Stelle. In den Morgenstunden des 24. geht ein Aufatmen durch das Schiff, es kommt eine Brise auf, das Schiff läuft wieder, die Segel stehen wieder gefüllt, am Bug gluckst wieder das Wasser und das Fahrtmeßgerät zeigt wahrhaftig drei Knoten. Der Wind nimmt zu, nun muß er noch etwas drehen und wir können die Ziellinie anliegen. Zwölf Knoten laufen wir mittlerweile, und der Wind dreht, immer günstiger wird der Kurs!
Die Freude aber währt nicht lange, um 18.00 Uhr kommt die befürchtete Durchsage — das Rennen ist abgebrochen!
Wir segeln weiter, es besteht kein Grund, die Maschine zu benutzen. Am 25. brist es weiter auf, wir müssen die Obersegel und zeitweise auch die Bramsegel bergen. Im Laufe des Nachmittags erhalten wir endlich nach Stunden des Wartens über Funk die offizielle Meldung, daß die GORCH FOCK in dieser Regatta sowohl nach absoluter wie auch nach berechneter Zeit den ersten Platz in ihrer Klasse errungen hat. Bei der Bekanntgabe der Siegesmeldung an die Besatzung geht ein Jubel durch alle Decks.
Unter Vollzeug und begleitet von Hunderten von Sportfahrzeugen aller Art, läuft die GORCH FOCK im Hafen von Newport ein. Sirenen heulen. Menschen winken, Kanonenschläge werden abgefeuert. Einladungen, Feiern und Festlichkeiten fanden im Hafen jedoch schließlich ihren Höhepunkt bei der mit vielen musikalischen Darbietungen in großem Rahmen aufgezogenen Preisverteilung am Abend vor dem Auslaufen nach New York. Als schnellstes Schiff in der Klasse der Rahsegler erhielt die GORCH FOCK eine in Zinn kunstvoll gefertigte Nachbildung des Vollschiffes CUTTY SARK und als Siegerin nach berechneter Zeit ein gewichtiges Silbertablett.
Am 4. Juli 1976 aber, dem 200. Jahrestag der amerikanischen Unabhängigkeit, dem Geburtstag der USA, formiert sich hier in der Hudsonmündung das in der Geschichte bisher einmalige maritime Geburtstagsgeschenk, das seefahrende Nationen einem Staate zu Ehren darbieten. 20 Windjammer aus 16 verschiedenen Ländern lichten die Anker, um sich zu einer unglaublich farbenprächtigen Seglerparade zu formieren. 20 große, majestätisch wirkende, rahgetakelte Tiefwassersegler und mit ihnen weit über 250 Brigantinen, Schoner und Yachten der verschiedensten Größen, begleitet von Tausenden motorgetriebenen Sportbooten bilden die größte Segelarmada, die sich seit der Seeschlacht von Navarino je zusammenfand.

Hans Freiherr von Stackelberg

Ohne Teamgeist geht es nicht

Auch während der Reisen, die die GORCH FOCK bis jetzt unter meinem Kommando gemacht hat, stand die Ausbildung der jungen Soldaten im Vordergrund. Dazu steht mir ein ausgezeichnetes Schiff, das technisch auf dem letzten Stand ist, und ein bewährtes Offizier- und Unteroffizierkorps zur Verfügung. Ohne Teamgeist geht es nicht, schon gar nicht auf einem Segelschiff.

Die erste Reise unter meinem Kommando führte die GORCH FOCK nach Rotterdam und Liverpool. Die großzügige Terminplanung ließ uns viel Zeit zum Segeln und zum Manövrieren unter Segel zwischen den einzelnen anzulaufenden Häfen. Am 14. Juni 1978 waren wir wieder in unserem Heimathafen Kiel. Niemand von der Besatzung wird aber die folgenden Tage vergessen: Vor Olpenitz haben wir den Bundespräsidenten an Bord genommen, der auf dem Schiff zwei Tage wohnte und mit uns in der westlichen Ostsee segelte.

Die 55. Ausbildungsreise (6. 7. — 29. 8. 1978) führte von Kiel über Reykjavik (Island) nach Göteborg. Der Kurs führte entlang der südnorwegischen Küste zur Fair Isle, einer zwischen den Orkneys und den Shetlands gelegenen Insel. Nach dem Runden dieses Eilands sollten die Segler auf direktem Kurs das Ziel beim Leuchtturm Lille Faerder am Eingang des Oslofjords zu erreichen versuchen. Die Konkurrenz war groß, denn neben der DAR POMORZA (Polen), der CHRISTIAN RADICH (Norwegen), der PHOENIX (Niederlande) und der GEORG STAGE (Dänemark) war auch die russische KRUSENSTERN am Start.

Exakt um 14.00 Uhr fällt vom Flaggschiff des schwedischen Admirals, der VISBORG, der Startschuß. Etwa gleichzeitig überqueren die sechs Konkurrenten die Linie. Bis Mitternacht kommt jedoch kaum Bewegung ins Feld. Die GORCH FOCK entschließt sich, vom direkten Kurs abzuweichen, um einen Schlag dicht unter die norwegische Küste zu machen. Hier erhoffen wir besseren Wind, der sich dann auch in den frühen Morgenstunden des nächsten Tages einstellt. Während alle anderen Großsegler kreuzen müssen, läuft die GORCH FOCK mit hoher Fahrt auf direktem Kurs hart am Wind der Wendemarke entgegen. Der Abstand zu unseren Verfolgern wächst ständig. Am Mittwoch Vormittag taucht Fair Isle an Backbord voraus auf. Wir fallen ab und setzen zur Rundung an. Dann geht es mit halbem Wind auf das Skagerrak zu. Am Morgen des Donnerstag ist die Nordsee fast schon wieder durchsegelt. 14 Knoten läuft die GORCH FOCK, jedoch ohne Schiebestrom. Am Abend liegen wir vor der norwegischen Südküste in totaler Flaute.

Am nächsten Mittag um 13.00 Uhr wird die Regatta abgebrochen. Wenige Stunden danach meldet die SOMMERSET das vorläufige Endergebnis: 1. GORCH FOCK; 2. CHRISTIAN RADICH; 3. GEORG STAGE; 4. DAR POMORZA; 5. KRUSENSTERN; 6. PHOENIX.

Nach Bekanntgabe des Ergebnisses läuft die GORCH FOCK in den kleinen Hafen von Horten ein. Von dort beginnt dann die große Windjammer-Parade nach Oslo.

Nach der Rückkehr war es für mich eines der schönsten Erlebnisse, als Kommandant des Schiffes meiner Heimatstadt Flensburg einen Besuch abzustatten. Die GORCH FOCK war als Gast zur Eintonner-Weltmeisterschaft eingeladen. Es war für mich ein großer Tag, als wir bei strahlendem Sonnenschein in die Flensburger Förde einliefen. Und wir hatten Glück. Der Südostwind erlaubte es uns, unter Segel auch die Holnis-Enge zu passieren. Wir sind dann vor Glücksburg vor Anker gegangen und haben dort einige Tage gelegen. An einem Tag, an dem die Eintonner keine Regatta austragen konnten, weil der Wind in Böen bis auf Stärke 10 aus Nordwest aufbriste, sind wir dann aus der Flensburger Förde hinausgesegelt.

Im Herbst geht es mit Offizieranwärtern über Vigo nach Aberdeen und zurück nach Kiel. Es ist eine typische Herbstreise. Während im Kattegat, Skagerrak und in der Nordsee stürmische Winde und grobe Seen angetroffen werden, herrschen in der Biskaya für diese Jahreszeit ungewöhnliche Wetterverhältnisse mit flauen Winden aus wechselnden Richtungen. Unter Segel wird in die Bucht von Vigo eingelaufen. Vier Tage später heißt es »Leinen los« und Kurs Aberdeen. Wieder zeigt sich die Biskaya von ihrer besten Seite. Als wir jedoch den Englischen Kanal passieren, entwickelt sich ein von Island heranziehendes Tief zum Sturmtief mit Orkanböen.

Auf dem Schiff wird für zweieinhalb Stunden eine mittlere Windgeschwindigkeit von mehr als 70 Knoten gemessen, so daß wir vor Erreichen der schottischen Küste für einige Stunden beidrehen müssen.

Der 21. November ist ein sonniger Vormittag. Punkt 14.00 Uhr ist es soweit. Mit Schlepperhilfe verlassen wir Aberdeen. Bereits im Außenhafen werden Segel gesetzt. Uns erwarten stürmische Winde. Am nächsten Tag haben wir Südwest, Stärke 8. Die GORCH FOCK segelt mit 14 Knoten durch die Nordsee. Der Wind nimmt weiter zu. Gegen Mitternacht wird der Wind zum Sturm. Die GORCH FOCK läuft vierkant gebrasst vor schwerer achterlicher See. Bereits nach 36 Stunden liegt Feuerschiff Skagen querab an Steuerbord. Sicher eine der schnellsten Nordseeüberquerungen, die die GORCH FOCK gemacht hat: 405 Seemeilen in 36 Stunden, 11,25 Knoten im Durchschnitt. Unser Etmal: 285,5 Seemeilen.

Die 57. Ausbildungsreise (3. 5.–26. 6. 1979) beginnt mit einem Höhepunkt: Die GORCH FOCK segelt zum 790. Hafengeburtstag in den Hamburger Hafen ein. Wenige Tage danach starten wir zur eigentlichen Ausbildungsreise. Scheveningen wird am 21. Mai erreicht. Bei starkem Wind laufen wir in den recht engen Hafen ein, in dem noch nie ein Schiff dieser Größe gewesen ist.

Nach fünftägigem Aufenthalt geht es weiter

Fortsetzung Seite 161

87

Die GORCH FOCK läuft hart am Wind bei schwerer achterlicher See (85). Bis zu zehn Meter hohe Brecher schmettern tonnenschwere Wassermassen gegen das Schiff und fegen schäumend über das Mitteldeck (86). Der Wind wird zum Sturm. Ein Segel zerfetzt (87), die Männer sind naß bis auf die Haut, trotz Ölzeug und Südwester (88). Heulend fauchen die Böen heran. Auch unter Deck spürt man den wilden Ritt. Ab und zu ein dumpfer Schlag in diesem ohrenbetäubenden Konzert. Windstärke 11! (89)

88

92

93

Ein überwältigendes Bild: In der engen Bucht von Hamilton/Bermuda drängen sich 18 rahgetakelte Großsegler, um sich auf das große Rennen in die USA mit Zielhafen Newport vorzubereiten (90). Endlich ist es soweit — die Regatta kann beginnen. Bereits zwei Minuten nach dem Startschuß überquert die GORCH FOCK unter Vollzeug die Startlinie. Zwischen der JUAN SEBASTIAN DE ELCANO und der LIBERTAD kommt es zu einer Kollision (91,92). Großsegel und Bagien gehen auf der LIBERTAD in Fetzen, als sie im Bugspriet der ELCANO hängenbleiben, die Vorstenge der ELCANO kommt von oben, sie verliert alle Vorstagsegel (93)

94

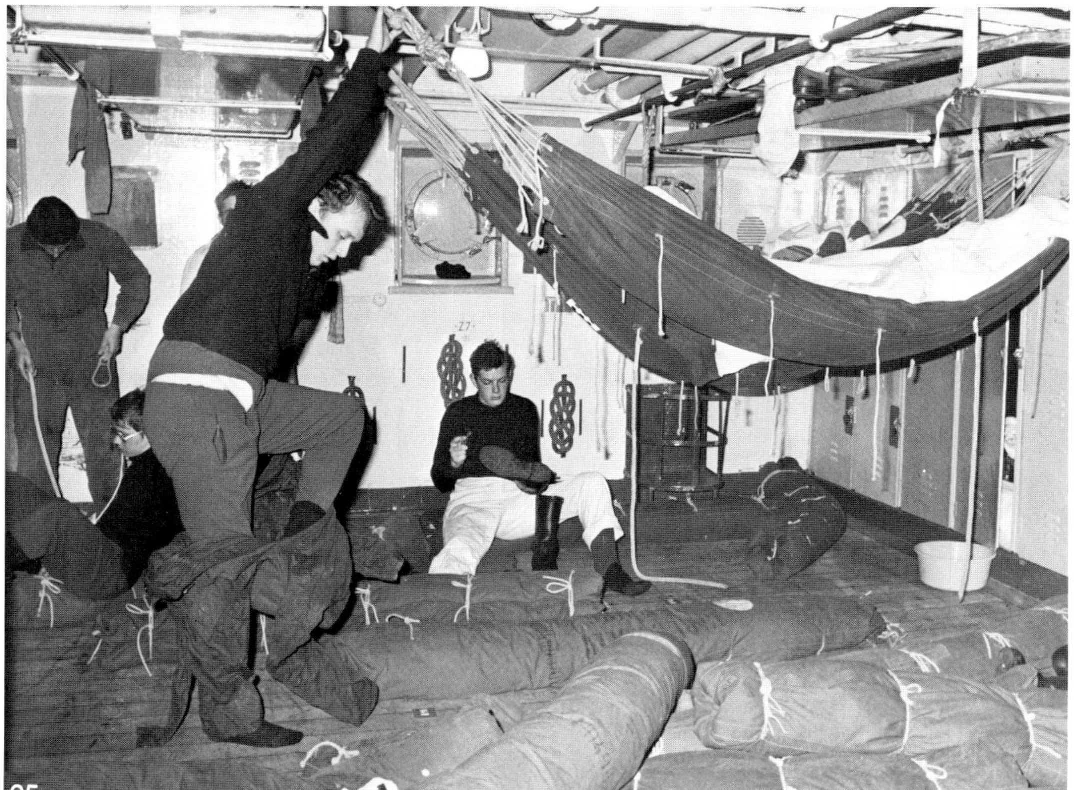

95

96

BECK's BIER

GORCH FOCK
C. PLATH
HAMBURG

Noch sind die Strecktaue gespannt (96). Aber der Sturm ist vorüber. An Bord beginnt wieder alles seinen gewohnten Gang zu gehen (94, 95). Ein gut eingespieltes Team sorgt für die Sicherheit und die Ausbildung der Männer an Bord. Auf der Brücke haben die Kadetten ihre Augen fest auf den Kompaß gerichtet, während der Kommandant die Segel beobachtet (97). Seemännische Arbeiten gehören ebenso zur Ausbildung (98) wie die Bergung eines Verletzten (99)

Das war ein guter Törn! Alle sind sich einig, als die GORCH FOCK nach der Reise wieder festmacht: »Wir haben gelernt, unter schwierigsten Bedingungen aufeinander Rücksicht zu nehmen, gegen Aggressionen anzukämpfen und uns selbst zu überwinden« (100, 101).

Auf der Rückreise von Amsterdam nach Kiel stattet die GORCH FOCK (rechts) am 15. August 1980 auch Bremerhaven einen Besuch ab. Viele Schiffe begleiten das Schulschiff der Bundesmarine, so auch die GRÖNLAND (links) und andere Windjammer (102)

103

Hart am Wind knüppelt das Schiff in tosender See südwärts. Die Schräglage ist bisweilen so enorm, daß die Braßbäume durchs Wasser gezogen werden (105).
Nach einem solchen Ritt über den Ozean müssen in luftiger Höhe die Drähte konserviert (103) und das stehende Gut gewartet werden (104)

104

106

107

108

Bordhund Whisky ist immer dabei, ob beim Ankerlichten (106) oder bei einer Ruhepause in der Nachmittagssonne (108). Nur ungerne überläßt er seinen angestammten Platz auf dem Ankerspill einem Akkordeonspieler, denn den Ton gibt viel lieber er an (107)

110

111

112

Äquatortaufe: Schon früh am Morgen wartet die ungetaufte Besatzung auf das Erscheinen Neptuns und seines Hofstaates. Zu Beginn verliest Neptun höchstpersönlich die angsterregenden Statuten der Taufe (112). Flankiert wird er von seiner Gemahlin Thetis, von Admiral Triton, einem Priester und einer Hofdame (111). Unruhig scharren seine tatenlustigen Trabanten (109). Dann wird das Urteil vollstreckt: Unnachsichtig scheuchen die Trabanten den Verurteilten zum sechs Meter langen Segeltuchsack (110), der kriechend zu passieren ist. Im Taufbecken ziehen die kräftigsten Trabanten den Ungetauften dreimal tief unter Wasser: »O grausige Tortur, du bist das Ende dieser Kur!« (113)

113

115

116

117

118

119

Die GORCH FOCK auf dem Weg zum Hamburger Hafen (114). Die Wasserfontänen der Feuerlöschboote empfangen sie zum 790. Hafengeburtstag (116) und in Bremen (115). Zum unvergessenen Erlebnis sind die Besuche in New York 1962 (117) und anläßlich des 200jährigen Geburtstages der USA 1976 (118) geworden. Aber auch das Anlaufen der Häfen von Amsterdam (119) und Danzig (120) wird jedem, der dabeigewesen ist, in Erinnerung geblieben sein

Immer aber werden die GORCH FOCK auf ihren Reisen die Worte des großen Marinedichters begleiten, der ihr den Namen gegeben hat: »Du Wind mußt wehen, du Sonne mußt lachen, du Wasser mußt blinken!« (121,122)

nach Portimão (Portugal). Durch die Biskaya, den Englischen Kanal, das Skagerrak und das Kattegat segelten wir zurück in unseren Heimathafen Kiel. Nach Lehrgangswechsel und Segelvorausbildung an der Pier führte uns die Sommerreise nach El Ferrol, Brest und Ostende. Sevilla und der kleine Hafen Dartmouth waren Ziele der letzten Reise des Jahres, die mit Offizieranwärtern planmäßig und erfolgreich durchgeführt wurde.

1980 wurde dann wieder ein ganz besonders ereignis- und erlebnisreiches Jahr. Am 15. April hieß es für GORCH FOCK »Leinen los« zur 60. Auslandsausbildungsreise über den »Großen Teich« nach Boston, um an der Windjammer-Parade und der Transatlantik-Regatta im Rahmen der Operation Sail teilzunehmen. Über Madeira und die Bermudas wurde Boston erreicht. Gemeinsam segelten die Windjammer bei günstigem Wind in den Hafen. Die Ufer waren übersät mit Menschen, und Tausende von Motor- und Segelbooten gaben uns das Geleit. Wir waren überwältigt von diesem Empfang, von der großen Begeisterung und der herzlichen Gastfreundschaft der Amerikaner. Am 4. Juni fiel dann der Startschuß zur Transatlantik-Regatta. Bei schwachen Winden blieben die Schiffe zunächst beisammen. Dann briste es auf, das Feld zog sich auseinander. Wir wählten nach reiflicher Überlegung und aufgrund der aktuellen Wetterentwicklung den kürzesten Weg über die von der Schiffahrt wegen der Nebelhäufigkeit gefürchtete Neufundlandbank. Unter der Küste von Neufundland lief die GORCH FOCK bei einem Südweststurm ein Rekordetmal von 316 Seemeilen. Die anderen Großsegler umsegelten die Bank im Süden, wir konnten uns an die Spitze des Feldes setzen und unseren härtesten Konkurrenten, das norwegische Vollschiff CHRISTIAN RADICH, 100 Seemeilen hinter uns lassen.

Jeden Mittag wurden die Positionen der einzelnen Schiffe über Funk durchgegeben und mit Spannung erwartet. Wir segelten auf dem Großkreis nach den Shetlands, machten weiterhin schnelle Fahrt und hielten den Vorsprung. Dann kam Freitag der 13. Kurz vor Mitternacht ließ plötzlich der Wind nach. Vier Stunden lagen wir in völliger Flaute. Der Kern des Tiefs, das uns bisher günstigen Wind brachte, änderte seine Richtung und zog, für uns nicht vorhersehbar, über unser Schiff. Die CHRISTIAN RADICH konnte aufholen. Die DANMARK und die CREOLE, die weiter hinter uns und auch südlicher standen, mußten im Laufe der Regatta wegen orkanartiger Stürme und damit verbundener Schäden aufgeben. Die GUAYAS aus Ekuador lag stets weit hinter der Spitzengruppe zurück.

Ein spannendes Kopf-an-Kopf-Rennen zwischen der CHRISTIAN RADICH und der GORCH FOCK kennzeichnete diese Regatta quer über den Atlantik. Erst in der Nordsee fiel die Entscheidung. CHRISTIAN RADICH konnte sich vor der norwegischen Südküste nicht freisegeln und mußte einen großen Schlag machen, während wir, weiter im Süden stehend, auf direktem Kurs nach Kristiansand laufen konnten. Nach 17½ Tagen passierte die GORCH FOCK als erster Großsegler die Ziellinie und mit »Besanschot an« sprach ich der Besatzung meine Anerkennung aus. Wir waren zwar »first ship home«, aufgrund des besseren time-correction-factors wurde allerdings dem norwegischen Vollschiff nach berechneter Zeit der erste Platz zugesprochen. Für uns alle an Bord war diese durchaus spannende Regatta über 3500 Seemeilen ein großartiges, unvergeßliches Erlebnis. Teamgeist, Einsatzbereitschaft

und Kameradschaft bildeten das Fundament, auf dem dieses gute Abschneiden erreicht wurde.
Treffpunkt für den zweiten Teil der Operation Sail war Kiel. Neun Großsegler und eine große Anzahl von kleineren Fahrzeugen hatten sich eingefunden. Bei strömendem Regen liefen die Schiffe zur Windjammer-Parade aus. Die folgenden zwei Regatten wurden in der Ost- und Nordsee ausgetragen. Es herrschte typisches Hochsommerwetter mit nur leichten Winden und vielen Flauten. Für die GORCH FOCK, die ein ausgesprochenes Schwerwetterschiff ist, waren es keine idealen Bedingungen. Trotzdem konnten aufgrund des Einsatzwillens und des ausgezeichneten Ausbildungsstandes der Besatzung jeweils vordere Plätze erzielt werden.
In Karlskrona und Amsterdam wurden die Siegerehrungen vorgenommen. Für beide Häfen war das Einlaufen der vielen großen und kleinen Segler ein großes Ereignis. Ein umfangreiches Programm mit sportlichen Wettkämpfen und gesellschaftlichen Veranstaltungen diente dem gegenseitigen Kennen- und Verstehenlernen der Mannschaften. Trotz der vielen Regatten und den Repräsentationsverpflichtungen bei den zahlreichen Hafenaufenthalten konnte das Ausbildungsziel für die eingeschifften Unteroffizieranwärter erreicht werden.
Zur Herbstreise waren dann wieder Offizieranwärter eingeschifft. In Lissabon und Vigo hatten sie Gelegenheit, die Ausbildungsstätten der portugiesischen und spanischen Marine kennenzulernen und Kontakte zu den Kadetten der Gastländer zu knüpfen. Unter Segel legten wir in Vigo ab und traten die Heimreise an. In den frühen Abendstunden lag Cap Finisterre querab. Bei stetig stürmischen Winden aus westlichen Richtungen segelten wir das Schiff in einer überaus schnellen Fahrt nach Norden. Viereinhalb Tage nach Passieren von Finisterre ist bei einer Durchschnittsfahrt von 11 Knoten das Skagerrak erreicht. Dabei wurde ein Etmal von 323 Seemeilen, das höchste seit Indienststellung, ersegelt. Die Offizieranwärter wurden auf dieser Reise effektiv ausgebildet, sie wurden mit Wind, Wetter und See vertraut gemacht und während der Sturmtage körperlich hart gefordert. Stammbesatzung und Lehrgang sind auch auf dieser Reise zu einer Gemeinschaft zusammengewachsen, die stolz auf ihr Schiff und ihre Leistung ist.

Horst Helmut Wind

124

125

Das Jahr 1980 war für die GORCH FOCK ganz besonders ereignisreich. Zunächst hieß es »Leinen los« zur 60. Ausbildungsreise über den großen Teich nach Boston (125) über die Bermudas (124). Auf der Rückreise lief die GORCH FOCK ein Rekordetmal von 316 Seemeilen

Dann war Kiel der große Treffpunkt. Hier die GORCH FOCK am 16. Juli auslaufend vor Laboe (126).
Danach wurden die vielen kleinen und großen Segler in Karlskrona begrüßt, in dessen Hafen die GORCH FOCK neben der dänischen DANMARK lag (123)

126

127

128

129

Die Regatten zur Windjammer-Parade vor Kiel 1980 wurden zunächst in der Ostsee und dann in der Nordsee ausgetragen. Für die GORCH FOCK als typisches Schwerwetterschiff ergaben sich dabei trotz nur leichten Winden und Flauten vordere Plätze. Während der Regattaserie wurden auch Frederikshavn und Bremerhaven (129) angelaufen. Vor Frederikshavn wurden diese Aufnahmen von der russischen KRUSENSTERN (127) und dem großen Konkurrenten der GORCH FOCK, der polnischen DAR POMORZA (128), gemacht

Unter vollen Segeln (130) kehrt die GORCH FOCK von ihren letzten Ausbildungsreise des Jahres '80 nach Lissabon und Vigo in die Ostsee zurück. Bei dieser Reise wurde das höchste Etmal seit Indienststellung des Schiffes von 323 Seemeilen erreicht

Gorch Fock nach 25 Jahren

Nach 25 Jahren Dienstzeit erfreut sich die GORCH FOCK in der Öffentlichkeit einer solch allgemeinen Zustimmung und eines solchen Wohlwollens, daß die GORCH FOCK heute in Deutschland sowie international bekannter ist als der Namensgeber des Segelschulschiffes, der Dichter Gorch Fock.

Die Aufgaben

Die Aufgaben der GORCH FOCK nach 25 Jahren ihrer Indiensthaltung sind dreiteilig. Sie umfassen Ausbildung, Repräsentation und Öffentlichkeitsarbeit.
Der einzig geschriebene Auftrag ist die *Ausbildung*. Demnach dient die GORCH FOCK der theoretischen und praktischen seemännischen Ausbildung von Offizier- und Unteroffizieranwärtern der Marine. Diese Ausbildung ist nicht Selbstzweck, sondern sie dient der Flotte. Da die Takelage der GORCH FOCK nach dem Prinzip ganz einfacher Kraftübersetzungsmaschinen organisiert ist, ist deren Bedienung immer mit hohem körperlichem Einsatz der Besatzung verbunden. Die Muskelkraft wird zur Handhabung der Takelage nur durch Blöcke, Taljen und Takel umgesetzt, nicht aber durch Winden oder gar hydraulische oder elektrische Hilfsmittel. Selbst das Ruder wird nur über Gestänge und Zahnräder, nicht durch Hilfskräfte bedient. Die Ausbildung enthält immer auch einen großen Teil körperlicher Arbeit und sportlicher Ertüchtigung.
Weil die Hilfskräfte bewußt fehlen, können die anfallenden Arbeiten beim Brassen und Segelsetzen immer nur von Gruppen und in Gemeinschaft gelöst werden. Der Lehrgangsteilnehmer erfährt also wie von selbst, daß nur die Gruppe, das Team, in Zusammenarbeit die nötige Leistung erbringt. Es ist einfach ein bedeutendes Ereignis von hohem Erlebniswert in der Ausbildung eines jungen Mannes, einen Großsegler durch den Wind und eigener Hände Arbeit mit Kameraden zusammen über den Atlantik zu bringen. Nach dieser Reise stellt sich ein Gefühl des Stolzes auf die erbrachte Leistung, aber auch für Zusammengehörigkeit und Gemeinschaft ein.
Die Unterkünfte auf derGORCH FOCK gewähren durch Schlafen in Hängematten, Mangel an Frischwasser, eingeschränkter Freizeitgestaltung und dem Fehlen jeglicher Intimsphäre nur einen Minimalkomfort. Die Lehrgangsteilnehmer werden, verglichen mit heutigen Landverhältnissen, auf ein relativ anspruchsloses Leben zurückgeführt. Dies erscheint für eine Übergangszeit zumutbar und hat eine größere psychische Robustheit der Lehrgangsteilnehmer zur Folge. Schiffe und Flugzeuge der Marine sind heute von komplizierter Technik bestimmt. Für diese komplizierte Technik soll und kann ein Segelschulschiff natürlich nicht ausbilden. Die modernen Schiffe und Flugzeuge müssen aber nach wie vor geführt werden und zur See fahren oder fliegen. Damit sind die Begriffe Führung und Seefahrt nach wie vor trotz hoher technischer

Kompliziertheit der Geräte Bestimmungsgrößen für die Marine.
Man bedenke, daß ein guter Teil der Schiffe und Flugzeuge der Marine nicht allwetterfähig ist, d. h. der militärische Führer muß vor Ort entscheiden, ob er ein Auslaufen eines Schnellbootes oder Minensuchers noch verantworten kann. Oder ein Zerstörerkommandant muß entscheiden, bei welchem Seegang er noch die Versorgung in See riskieren kann. In den genannten Fällen muß er ein gehöriges Maß an seemännischer Erfahrung haben. Den Grundstock für diese Erfahrungen kann ein zukünftiger Führer gewissermaßen »mit der Muttermilch« in seinen Lehrjahren in der Marine in der Auseinandersetzung mit Wind und See auf einem Segelschulschiff hautnah erfahren. Ein Simulator ist dafür absolut ungeeignet.
Die hautnahe Auseinandersetzung mit Wind, See, Regen und dem Schiff ist herausfordernd, manchmal persönlich unangenehm und kostet Überwindung. Sie gewährt aber auch nach erfolgreichem Durchstehen das Gefühl, sich bewährt zu haben. Viele Soldaten gehen mit diesem äußerlich wahrnehmbaren Gefühl von Bord, etwas geschafft zu haben. Sie erscheinen selbstbewußter und ein wenig stolz auf die erbrachte Leistung.
Der Aufgabenteil *Repräsentation* ist kein geschriebener und auch kein originärer Auftrag der GORCH FOCK. Vielmehr hat sich dieser Aufgabenteil nach und nach ergeben, weil offensichtlich von vielen Seiten ein Bedarf dafür besteht.
Das Segelschulschiff ist geeignet, die Arbeit der diplomatischen/konsularischen Vertreter der Bundesrepublik Deutschland im Ausland wirkungsvoll zu unterstützen, indem es durch sein Erscheinen und »Zeigen der Flagge« Anlaß für viele Kontakte, aber auch eine exklusive Plattform für Empfänge ist. Dabei ist ein Segelschiff — ein Kriegsschiff ohne Waffen — offensichtlich wirkungsvoller als ein Kriegsschiff üblicher Art, weil es das Gemüt der Besucher anspricht und ihre Phantasie beflügelt. Hohe Besucherzahlen während der Besichtigungszeiten und geringe Absagen bei Empfängen belegen diese Ansicht. Auffällig ist auch die Breitenwirkung eines solchen Auslandsaufenthaltes durch Pressearbeit. Das Bildmaterial wird gerne wiedergegeben, aber auch den Äußerungen des Kommandanten wird breiter Raum gewidmet.
Die Wirkung wird unterstützt durch die zahlreichen persönlichen Begegnungen und das Auftreten der Besatzung in der Öffentlichkeit des Gastlandes. Diese Begegnung ist zugleich Bildungsarbeit an der eigenen Besatzung und weitet deren Horizont. Häufig lernen die Soldaten an den Auslandsverhältnissen erst den Wert eigener deutscher Verhältnisse schätzen. Die GORCH FOCK wird, wie andere besuchende Kriegsschiffe auch, häufig zum Sammelpunkt der deutschen Kolonie im Besuchshafen. Einerseits kann dort eine Art Solidarisierungseffekt stattfinden, aber auch das Deutschland-Bild der deutschen Kolonie und der interessierten Bevölkerung des Gastlandes von teilweise veralteten Sichtweisen auf die in der Bundesrepublik Deutschland vorhandene Wirklichkeit zurückgeführt werden. Interessant ist, daß Besatzungsmitglieder grundsätzlich die Herausforderung, für die Marine und darüber hinaus für die Bundesrepublik Deutschland im Ausland aufzutreten, annehmen und sich entsprechend gut verhalten.
Im Inland finden die GORCH FOCK und ihre Aktivitäten ein breites Echo in den Medien, weil ein erkennbares Interesse in der *Öffentlichkeit* dafür vorhanden ist. Der allgemeine Auftrag der Marine zur Öffentlichkeitsarbeit läßt sich auf der GORCH FOCK leicht erfüllen. Es nehmen jährlich Tausende von Jugendlichen und auch Erwachsenen an Führungen und Besichtigungen an Bord teil. Natürlich darf die GORCH FOCK nicht allein für die Marine gesehen und dargestellt werden. Vielmehr muß darauf hingewiesen werden, daß die Marine u. a. ein Segelschulschiff als Ausbil-

dungsschiff für die Flotte betreibt. Das Segelschulschiff kann daher als gefühlsmäßiger Einstieg bei den Zielgruppen der Öffentlichkeitsarbeit dienen, um auf die Belange der Gesamtmarine und der Sicherheitspolitik hinzuführen.

Daß gelegentlich staatliche Vertreter und sogar der Bundespräsident die GORCH FOCK zur Erfüllung von Repräsentationsverpflichtungen heranziehen, hat die GORCH FOCK sicher ihrem in 25 Jahren erworbenen guten Ruf zu verdanken.

In die *Zukunft* gerichtet, läßt sich feststellen, daß die GORCH FOCK nach 25 Jahren Dienst für die Marine der Bundesrepublik Deutschland sich in einem seemännisch gepflegten und schiffbaulich guten Zustand befindet und für mindestens weitere 25 Jahre im Dienst bleiben kann. Da einerseits Spezialisierung und Simulation in der Ausbildung der Marine immer mehr zunehmen, ist es andererseits nötiger denn je, den Menschen als Ganzes nicht verkümmern zu lassen, sondern seine Persönlichkeit durch die den ganzen Menschen fordernde und bildende Ausbildung auf einem Segelschulschiff zu prägen. Erhalten wir uns auch etwas Erlebniswert in der Ausbildung! Daneben bleibt es unverzichtbar, im Ausland die eigene Flagge zu zeigen. Mit einem exzeptionellen Segler für Goodwill zu werben, ist besonders zukunftsträchtig.

Die Ereignisse

Lissabon 1982

Zu einer Seglerparade auf dem Rio Tejo in Lissabon hatten sich zahlreiche Großsegler eingefunden. In der Nähe des über 500jährigen Torre do Belem hatten sich der portugiesische Präsident und das diplomatische Corps versammelt. GORCH FOCK segelte unter allen Segeln mit über 10 kn Fahrt in nur 300 m Abstand an der Tribüne vorbei. Als während der Vorbeifahrt die deutsche Nationalhymne herüberklang, wurde das Ereignis für die auf Manöverstation befindliche Besatzung zu einem starken inneren Erlebnis.

Philadelphia 1983

Im Oktober 1983 gedachten die Vereinigten Staaten und die Bundesrepublik der ersten deutschen Einwanderung in USA vor 300 Jahren. Die Festlichkeiten gipfelten in einer Festwoche in Philadelphia, an der der Bundespräsident Carstens, der US-Vizepräsident Bush und die GORCH FOCK teilnahmen.

Damals waren Siedler aus dem Krefelder Raum nach der Atlantiküberquerung auf dem Segler CONCORD in Philadelphia an Land gegangen (Germantown). Die GORCH FOCK vollzog diese Reise 1983 gewissermaßen nach und konnte auf dem Delaware-Fluß dank günstiger Bedingungen direkt bis an die Pier segeln. Als ich dem Bürgermeister von Philadelphia im Rathaus einen Höflichkeitsbesuch machte, war ich sehr erfreut, auch den Krefelder Bürgermeister dort anzutreffen. Der Bundespräsident nutzte die GORCH FOCK zu Repräsentationsveranstaltungen. Die Kombination Bundespräsident und GORCH FOCK fand in der Bevölkerung und in den Medien erhebliche Beachtung.

Orkanböen 1982

Im November in der nördlichen Biscaya befindlich, nimmt der Wind aus WNW-lichen Richtungen stark zu und wird zu einem schweren Sturm mit Orkanböen. Die See steilt entsprechend auf, die Segel werden rechtzeitig verringert und die Sturmroutine befohlen.

Insbesondere lasse ich auf peinlich genaue Überwachung des Verschlußzustandes achten (Panzerblenden im Zwischendeck, in Luv der Aufbaudecks sowie Schotten auch in den Aufbaudecks geschlossen).

Unter Sturmbesegelung birst das Vorobermarssegel, die Reste werden geborgen. Das Schiff liegt hervorragend beigedreht in der See, die Schlagseiten halten sich in Grenzen,

die Braßbäume tauchen hin und wieder ins Wasser, einmal wird der Kutter in Lee von einer See angehoben und etwas verdreht, nimmt aber keinen Schaden.
Die Orkanböen sind mit Regen und Hagel vermischt und erreichen gut über 80 kn, d. h. die Windanzeige im Kartenhaus geht über den Skalenrand hinaus! (Windstärke 12 Bft wird ab 65 kn gerechnet.)
Trotzdem liegt das Schiff hervorragend in der See. Einmal bricht sich eine Welle so an der Luv-Bordwand, daß das herunterfallende Wasser das Mitteldeck etwa 2 Fuß tief mit Seewasser auffüllt, z. T. auf das Hüttendeck und sogar auf das Kartenhausdach fällt.
Beim Abwettern des schweren Sturmes treten keine weiteren Probleme auf, Besatzung und Schiff haben sich erneut bewährt.

Um Schottland

Rückkehrend von Nordamerika stand ich im Herbst '83 westlich des Ärmelkanals mit dem Ziel, in die Deutsche Bucht zu segeln. Die Großwetterlage ließ anhaltenden Ostwind, d. h. Gegenwind erwarten. Da man im Kanal mit einem Großsegler heutzutage nur eingeschränkt kreuzen kann, stellte sich die Frage, ob die angesetzte 25-Jahr-Feier der GORCH FOCK in Hamburg rechtzeitig erreicht werden konnte.
Nach sorgfältiger Analyse der Großwetterlage entschloß ich mich, nicht durch den Kanal zu segeln, sondern nördlich um Schottland die Deutsche Bucht anzusteuern. Obwohl die Strecke ca. 480 sm länger ist, ging die Rechnung auf: GORCH FOCK lief bei Oststurm mit ca. 15—16 kn durch die Irische See nach Norden, durchsegelte zügig den Pentland Firth und konnte nach schneller südlicher Fahrt durch die Nordsee noch vor dem gesetzten Termin die Deutsche Bucht erreichen.
Nach 25 Jahren im Dienst der Marine kehrte die GORCH FOCK im November 1983 in die Bauwerft zu Blohm und Voss nach Hamburg zurück. Unterstützt von der Werft, konnte am 25.11.83 in einem Festakt auf 25 Jahre erfolgreiche Fahrten zurückgeblickt werden.

25-Jahr-Feier bei Blohm und Voss

Der damalige Erste Bürgermeister Hamburgs, von Dohnanyi, der Präsident des Schleswig-Holsteinischen Landtags Rudolf Titzck, der Amtschef Marineamt KAdm Dr. Geffers und der Kommandant hielten die Festreden. Die Öffentlichkeit und Medien nahmen großen Anteil, es wurde viel Lobendes über die vergangenen Jahre gesagt und viele gute Wünsche für die Zukunft ausgesprochen.

Quebec 1984

Aus Anlaß der 450-Jahr-Feier veranstaltete die kanadische Provinzhauptstadt Quebec Festwochen mit einem Großseglertreffen. Auf dem St.-Lorenz-Strom segelnd, erregte die GORCH FOCK das Interesse der Besatzung eines Eisenbahnzuges. Dieser hielt an, ließ seine Reisenden zum Winken aussteigen und grüßte dreimal mit der Dampfpfeife. Die GORCH FOCK erwiderte den Gruß durch das Tyfon und Mützenschwenken.
Ganz Quebec schien auf den Beinen, als GORCH FOCK vor der berühmten Silhouette der Stadt in der Mittagszeit auf und ab segelte, um dann pünktlich unter Segeln unmittelbar an die Pier zu gehen. Für die Besatzung war der Aufenthalt in Quebec wie auch ein vorheriger in New England von großem Erinnerungswert, weil hier in vielen Bereichen (Bauten, Sitte, Sprache) europäische Wurzeln in Nordamerika sichtbar wurden.

Wyk auf Föhr 1985

Ein Großsegler ist für das Befahren des Wattenmeeres aufgrund des Tiefganges und der Segeleigenschaften wenig geeignet.
Unterstützt vom Präsidenten des Schleswig-Holsteinischen Landtages Titzck und in Wür-

digung der großen seemännischen Vergangenheit der Inselbewohner wurde der Plan, ins nordfriesische Wattenmeer zu fahren, umgesetzt.
Nach sorgfältiger Prüfung der navigatorisch wichtigen Daten (Tiefgang, Gezeit, Höhe der Gezeit usw.) lief GORCH FOCK südlich von Amrum ins Wattenmeer ein, versegelte mit der Tide auf die Reede von Wyk auf Föhr und ging dort in einem »Loch« im Fahrwasser vor Anker. Das Interesse der Bevölkerung der Inseln und Halligen aber auch der Kurgäste war überwältigend. Bei einen Labskausessen an Bord für Prominente sang der weltberühmte Bariton Hermann Prey zur großen Freude aller Anwesenden »Meeresstille« von Schubert. Der Kommandant wurde Ehrenmitglied im Nautischen Verein Nordfriesland.

Umbau 1985

1985 wurde GORCH FOCK durch einen Umbau modernisiert. Damit auch für Lehrgangsteilnehmer Unterricht, Essen und Freizeitgestaltung nicht nur in den Wohn-/Schlafdecks stattfinden mußte, wurde ein Gemeinschaftsraum für Unterricht, Freizeit und Veranstaltungen eingerichtet. Der immer zu kleine Frischwasservorrat wurde um einen modernen, leistungsfähigen Frischwassererzeuger ergänzt. Die Kombüse und Essenausgabe wurden modernisiert. Das Abwasser wird durch eine biologische Kläranlage nur noch aufbereitet außenbords gegeben. Der Ladebaum und die vorderen Boote mittschiffs an Oberdeck wurden von Bord gegeben, die Silhouette des Schiffes wirkt nun insgesamt klarer und gestreckter.
Im Schiff wurden Schotten durchbrochen, so daß man nun bei wetterbedingtem Wasser auf dem Oberdeck im Zwischendeck trocken und sicher von achtern nach vorn gehen kann.
Im Zuge der Umbauten war eine Neuverteilung des Eisenballastes notwendig. Diese Neuverteilung wurde genutzt, um das Schiff ca. 30 cm ins Gatt zu legen und so durch Schwerpunktverlagerung das Schiff insgesamt weniger luvgierig zu machen. Jetzt ist die GORCH FOCK nahezu ideal ausgetrimmt.

Kommerzialisierung

Manche Veranstalter haben entdeckt, daß man mit Großseglertreffen viele Schaulustige anlocken kann.
Veranstalter und Kommunen ziehen dann den Schaulustigen durch jahrmarktähnliche Vergnügungen, Verzehrbuden und Souvenirverkäufe das Geld aus der Tasche.
Diese Kommerzialisierung der Seglertreffen dient nicht den Interessen der GORCH FOCK oder anderer Großsegler. Zudem werden die Besatzungen noch durch Jahrmarktslärm und »Völkerwanderungen« gestört. Ich denke dabei insbesondere an Amsterdam 1985, wo die Besatzung bis nachts um 01.00 Uhr durch Lärm und Lichteffekte einer gegenüberliegenden Haifischshow belästigt wurde. In Quebec 1984 erhoben die Veranstalter 10 Dollar Eintrittsgeld zu den Liegeplätzen, ohne daß die Schiffe davon direkten Nutzen hatten. Kommandanten und andere Verantwortliche sollten abwägen, ob solche Veranstaltungen noch besucht werden sollten.

Nickels Peter Hinrichsen

131

Die erste Ausreise der GORCH FOCK unter dem Kommandanten Nickels Peter Hinrichsen (131). Die 65. Auslandsausbildungsreise führte von Kiel über Hamburg nach Kopenhagen und Stockholm und wieder zurück nach Kiel. Die Herbstreise 1985 (75. Auslandsausbildungsreise) führte zur Iberischen Halbinsel; Lissabon (132, vor dem Denkmal für Heinrich den Seefahrer) und Sevilla wurden besucht.
Ein seltenes Fotodokument: Die GORCH FOCK bei schwerem Wetter (Nordwest Bft 8) am 24. 10. 1984 vor Den Helder (133), vom Schulschiff DEUTSCHLAND aus fotografiert.

132

134

135

136

Die 73. Auslandsausbildungsreise führte von Kiel nach Portimao und zurück über Nantes nach Kiel. Das Segelschulschiff bei der Heimkehr am 29. 11. 1984 vor Laboe (134).

Ein mit Freude und Spannung erwarteter Besuch: Die GORCH FOCK in Wyk auf Föhr (135). Tausende von Menschen säumten das Ufer, als der Großsegler dort vor Anker ging. Für den Kommandanten Nickels Peter Hinrichsen — hier bei einer stürmischen Ostseereise (136) — war es ein Heimatbesuch, denn er ist in Oldsum auf Föhr geboren.

Die Weltreise

Viel ist in den letzten dreißig Jahren über das Segelschulschiff GORCH FOCK gesagt und geschrieben worden. Was ich auf diesem Schiff erlebt und erfahren habe, sind im Grunde immer nur neue Schattierungen dessen, was von anderen bereits geschildert wurde und was die Aufgabe dieses Seglers bleibt, nämlich für die militärfachliche, seemännische Ausbildung und Erziehung junger Marinesoldaten zu sorgen. Diese Ausbildung ist unverzichtbar und bedeutend — alle anderen Effekte, beispielsweise das oft zitierte Wirken als »Botschafter in Weiß«, sind Folgeeffekte — erwünscht, aber schwer meßbar.
Als ich am 24. März 1986 das Kommando an Bord übernahm, war mir die Bark nicht unbekannt. Von 1962 bis 1964 war ich als Leutnant Teil der Besatzung. Von 1968 bis 1970 diente ich als Takelage- und Stammdivisionsoffizier, und von 1973 bis 1976 war ich Erster Offizier an Bord.
Meine erste Reise als Kommandant ging nach Rouen und Helsinki. Die zweite Reise war seglerisch besonders interessant. Sie führte über Wilhelmshaven, Bremerhaven, Larvik, Göteborg und Island zurück nach Kiel. Darin enthalten war eine von der »Sail Training Association« organisierte Regatta von Larvik um eine Nordsee-Bohrinsel herum nach Skagen. Lange Zeit hatten wir unsere Gegner in Sicht, was die Besatzung sehr motivierte. Schließlich gelang es uns, als Erster Rahsegler die Ziellinie zu kreuzen und nach berechneter Zeit den 2. Platz zu belegen.
Die dritte Reise von Kiel nach Tanger und Lorient war bei der Ausreise seglerisch etwas schwierig. Im Kanal erwischten wir eine besonders ungünstige Wetterlage mit stürmischen Winden aus Südwest, denen nur mit dem Motor — und das ziemlich mühsam — begegnet werden konnte.
Die vierte Reise führte uns nach La Coruña und Cherbourg, bevor das Schiff für die Weltreise nochmals in Kiel überholt und vorbereitet wurde.
Aus Anlaß der 200-Jahrfeier in Australien hieß das Ziel Sydney. Zum erstenmal ging die GORCH FOCK auf eine Reise außerhalb ihres angestammten Reviers, des Atlantik und seiner Randmeere. Fast ein ganzes Jahr war für diese Reise vorgesehen.
Am 23. Juli 1987 wurden wir in Kiel verabschiedet und segelten zunächst durch das Skagerrak, durch die bei Nordwestwind Stärke 8 recht rauhe Nordsee in Richtung Las Palmas auf den Kanarischen Inseln, dem ersten Hafen.

Die Weltreise beginnt

Der Sprung über den Atlantik schließlich dauert 20 Tage. Wir machen in Fort de France auf Martinique in der Karibik fest. Mitten in der Saison der Hurrikane durchqueren wir die Karibik, ohne einem Wirbelsturm zu begegnen. Zwar ist der Passat zeitweise gestört und der Himmel häufig trübe, aber wir erreichen Panama ohne Probleme. Bei Temperaturen von 40 Grad und fast 100 Prozent Luftfeuch-

tigkeit passieren wir den Kanal. Auch nach schweren tropischen Gewittern ist mit Abkühlung nicht zu rechnen.
Für die Mannschaft ist es eine große Belastung, denn auf tropische Temperaturen ist die GORCH FOCK nicht eingerichtet. Die Spinde werden schimmelig, und unter Deck entwikkelt sich eine stickige Hitze, die das Schlafen fast unmöglich macht.
Angenehmer ist es im mexikanischen Acapulco. 17 Tage liegen wir in dem Luxusbadeort. Der Lehrgang wird ausgetauscht.
Nächstes Ziel ist San Diego in den USA. Die Luft auf See wird nun angenehmer, aber leider bleibt der Wind aus. Erst dicht vor dem Ziel brist es auf, so daß wir unter vollen Segeln vor der amerikanischen Pazifikküste erscheinen.
Am 2. November geht es weiter westwärts, nach Hawaii. Unterwegs treffen wir die französische Korvette LA MOTTE-PICQUET. Mit dem Kommandanten, den ich gut kenne, haben wir das Rendezvous im Pazifik ausgemacht. Da die See ruhig ist, können sich die Besatzungen gegenseitig besuchen. Bald darauf geht es bei kräftigem Passat weiter nach Hawaii. 18 Tage später fällt der Anker vor Honolulu, am nächsten Tag machen wir in Pearl Harbour fest, wo wir von der US Navy empfangen werden und der Albatros am Bug mit einem Blumenkranz geschmückt wird.
Nach einem erneuten Lehrgangswechsel geht es südwärts, als nächster Hafen liegt Apia auf Samoa in der Südsee vor uns. Am 2. Dezember, dem Auslauftag, scheint noch die Sonne. Doch schon am nächsten Morgen ziehen Böen bis Windstärke 10 über uns hinweg. Der Zauber der Südsee läßt auf sich warten.
Am 15. Dezember fällt in der romantischen Fagaloa-Bucht der Anker. Eingeborene rudern mit ihren Einbäumen heran und bieten Körbe mit Mangofrüchten an, doch wir haben keine Zeit zur Muße. In den Hafen steht ein so starker Schwell, daß wir das Schiff vor Anker und mit Leinen an drei Bojen legen müssen. An Backbord nahebei bricht die See über einem Riff. Nur zur Treibstoffübernahme gehen wir an die Pier; die wenige Zeit an Land ist für alle enttäuschend, die auf sonnige Südseeromantik gehofft hatten, es regnet häufig und in Strömen.
Einige Tage später feiern wir, hoch auf See und bei schlechtem Wetter, Weihnachten.

In der Tasman-See

Wegen der unsicheren Wetterlage — wir haben zeitweise eine Hurrican Danger Area und ein kräftiges Tief in Luv auf unserer Wetterkarte — entschließe ich mich, die Tonga-Inseln nicht anzulaufen und direkt Wellington auf Neuseeland anzusteuern. Hier wird uns ein besonders freundlicher Empfang bereitet. Wenig später beteiligen wir uns in Sydney an der Windjammerparade zum 200. Geburtstag Australiens. Acht Tage dauern die Feiern, dann, am 26. Januar, geht es weiter nach Melbourne, um den letzten Besatzungswechsel zeitlich einzuhalten.
Unser letzter australischer Hafen ist Fremantle, dann geht es hinaus in den Indischen Ozean. Wegen einer gebrochenen Kühlwasserleitung, die den Generatorenraum teilweise unter Wasser gesetzt hat, haben wir eine Woche Zwangsaufenthalt in Fremantle einlegen müssen. Erst danach werden die nächsten 3 400 Seemeilen in Angriff genommen.
War der Wind dem Schiff bis Fremantle allgemein günstig, so ist es jetzt damit vorbei. Früh verläßt uns der SE-Passat. In den Mallungen weht es in schweren Böen gegenan. Unter Segeln, Stagsegeln und Motor kommen wir zwar mühsam nach Norden, aber auch vom direkten Kurs ab nach Osten. Cochin in Indien, unser Zielhafen, kann deshalb nicht mehr besucht werden — wir laufen Colombo auf Sri Lanka an. Nach 24 Tagen auf See, mit den letzten 3 m^3 Treibstoff in den Bunkern, erreichen wir den Hafen.
Auch auf unserem nächsten Kurs nach Oman müssen wir die Maschine laufen lassen — die See ist spiegelglatt. Die in Colombo vorgenommene Reinigung des Unterwasserschiffes

macht sich nun deutlich bemerkbar. Wir laufen gut zwei Knoten schneller.
In Oman sind wir Gäste des Sultanats, das mir bekannt ist, da ich dort als Kommandant des Schulschiffes SHEBAB OMAN 1977/79 gedient habe. Nach fünftägiger Ruhe führt die Weiterreise, zumeist unter Maschine, nach Djibouti und dann, leider meist bei Gegenwind, durchs Rote Meer, der sich im Golf von Suez zum Starkwind mit 8 Bft genau gegenan ausprägt und eine die Fahrt bis auf 1—2 Knoten über Grund hemmende See erzeugt.

Als erste Einheit der Bundeswehr in Israel

Um den wichtigen Termin in Haifa/Israel einhalten zu können, bin ich gezwungen, einen Bohrinselversorger als Schlepper anzuheuern, der uns die restlichen 74 Seemeilen bis nach Suez schleppt. Unsere schwache und überdies störanfällig gewordene Maschine konnte das Schiff zeitweise gerade noch auf der Stelle halten. Glücklicherweise hält der Motor während der 15stündigen Fahrt durch den Suezkanal.
Am 9. Mai erreichen wir Haifa — als erste Einheit der Bundeswehr zu Gast in Israel.
Die Besatzung hat sich auf diesen Besuch ausführlich vorbereitet. Mit Spannung wurde dieses Ereignis erwartet; es erweist sich aber als sehr viel weniger schwierig als vermutet. Wir werden besonders entgegenkommend behandelt. Die israelischen Militärs zeigen sich sehr kameradschaftlich, und unsere jungen Männer an Bord beweisen Takt und Einfühlungsvermögen.
Zwischen dem Auslaufen aus Haifa am 13. Mai und der Rückkehr nach Kiel am 22. Juni 1988 stellen sich keine Besonderheiten mehr ein. Palma de Mallorca und Porto in Portugal sind angenehme Unterbrechungen der Reise, in einem Gebiet, in dem die GORCH FOCK ja schon fast zu Hause ist.
Immer wieder bin ich gefragt worden, ob es besondere Gefahren oder Schwierigkeiten auf dieser Weltreise gegeben habe. Ich meine aber, wer bei uns in Nord-und Ostsee und im Nordatlantik unter Segeln gelernt hat, der ist gut gerüstet für alle anderen Fahrtgebiete, um Schwierigkeiten zu begegnen und mit ihnen fertig zu werden.
Als stärkster Eindruck dieser Reise ist mir das Leben mit der Besatzung in Erinnerung geblieben, die sich in jeder Hinsicht bewährt und mir als Kommandanten die Aufgabe wesentlich erleichtert hat. Nach wie vor kann die Ausbildung auf einem Segelschiff für die Persönlichkeitsbildung junger Menschen nicht hoch genug eingeschätzt werden.
Der Kontakt zu fremden Marinen hat sich ausgezeichnet entwickelt. Viermal hatten wir Offiziersanwärter anderer Nationen an Bord — Niederländer, Neuseeländer, Australier und Ägypter. Ich habe nur die besten Erfahrungen gemacht. Diese Begegnungen sollte man konsequent weiterverfolgen. Es sind stets Gelegenheiten zur Förderung der Verständigung.
Auch den Gedanken, ein Segelschiff wie die GORCH FOCK auf eine weitere Weltreise zu schicken, halte ich für sinnvoll — besonders auf den klassischen Großseglerrouten.
Zunächst jedoch wird die GORCH FOCK auf der nördlichen Halbkugel bleiben. Portsmouth und Lissabon sind die nächsten Ziele. 1989 stehen Santander, Rouen und Hamburg auf dem Programm, und dann wird das Schiff für vier Monate ins Mittelmeer gehen.

Ein Gespräch mit Kpt. z. S. Immo von Schnurbein, aufgezeichnet von Svante Domizlaff.

137

138

139

Kommandoübernahme auf dem Hauptdeck der GORCH FOCK (137): Kapitän zur See Immo von Schnurbein übernimmt am 24. 3. 1986 das Kommando von Kapitän zur See Nickels Peter Hinrichsen.
Am 23. Juli 1987 verläßt die GORCH FOCK unter der Führung des Kommandanten Immo von Schnurbein die Blücherbrücke in Kiel zu ihrer ersten Weltreise. Einer der Höhepunkte dieser Reise war die Passage des Panama-Kanals vom 17.–20. 9. 1987 (138, 139: In der Gatun-Schleuse).

Im mondänen Badeort Acapulco in Mexiko (140) endet der erste Reiseabschnitt mit einem Crewwechsel.

Nach dem Besuch Hawaiis, wo wieder ein Crewwechsel stattfand, geht es weiter nach Apia auf Samoa. Auf dem Weg dorthin findet am 8. Dezember 1987 die erste Äquatortaufe statt (141, 142, 143).

140

141

142

143

144

Am 15. Dezember 1987 fällt in einer romantischen Bucht vor Apia an der Nordküste Samoas der Anker (144). Rundherum tropische Wildnis. Hier scheint die Welt noch in Ordnung zu sein, nur das Wetter spielt nicht mit.
Blauwassersegeln: Bilder, die allen in Erinnerung bleiben werden. Blick vom Fockmast auf Vordeck und Bugspriet (145) und vom Großmast in den Fockmast (146).
Australien erwartet die GORCH FOCK zu seinem 200. Geburtstag. Großsegler aus aller Welt sind zu dieser Feier nach Sydney eingeladen worden und stellen mit einer Parade den Höhepunkt der Feierlichkeiten dar. Sydney wird zu einem unvergeßlichen Erlebnis.
GORCH FOCK einlaufend Sydney vor dem berühmten Opernhaus am 19. 1. 1988 (147).
Etwa 10.000 Schiffe, Boote und sonstige schwimmbare Untersätze begleiten die ehrwürdig dahingleitenden Großsegler unter der »Harbour Bridge« (148).

145

146

147

148

149

150

Zum ersten Mal ist am 9. Mai 1988 eine Einheit der Bundeswehr offiziell in Israel zu Gast. Vor der dunklen Vergangenheit kein gewöhnlicher Besuch. Das freundliche Entgegenkommen der Israelis, auch der älteren Generation, und die Unbefangenheit der deutschen Seeleute öffnen sichtbar lang verschlossene Türen.
Der Kommandant im Gespräch mit israelischen Kollegen (149).
Zwischen dem Auslaufen in Haifa am 13. Mai und dem Einlaufen in Kiel am 22. Juni 1988 stellen sich keine Besonderheiten mehr ein. Palma de Mallorca und Porto in Portugal sind angenehme Unterbrechungen auf dem Weg nach Hause.
Nach 336 Tagen begrüßt und beglückwünscht Flottillenadmiral Klaus-Dieter Sievert Schiff und Mannschaft (150; li. der Kommandant; re. der 1. Offizier).
Der 90 m lange Heimatwimpel zeugt von der 33.581 Seemeilen langen Weltumseglung (151).

151

Ein glückhaftes Schiff

Ist die GORCH FOCK so eine Art „Fliegender Holländer“ unserer Tage? Jahraus, jahrein durchpflügt die Bark die Meere, sicher, pünktlich, zuverlässig, scheinbar ohne zu altern, stets in frisches Weiß gehüllt. Nur Crews und Kommandanten werden gewechselt. Kein Schiff unter deutscher Flagge ist bekannter – und das wird so bleiben, auch wenn der blaue Zehnmark-Schein mit dem Porträt des Schulschiffes ausgemustert ist.
Als die GORCH FOCK einst in Dienst gestellt wurde, gab es kaum eine Handvoll Schulschiffe unter Segeln. Heute ist weltweit wieder eine ganze Flotte von Windjammern gewachsen. An der Transatlantik-Fahrt „Gran Regata Colon“, in Erinnerung an Columbus' Amerika-Reise, setzten 31 der großen Schulschiffe die Segel. Natürlich auch die GORCH FOCK. Sie ist längst nicht mehr der imposanteste Windjammer. Es gibt andere, die größer sind, wie SEDOV und KRUSENSHTERN aus Rußland. Solche, die im Hafen mit Prunk und Zierat protzen, wie die italienische AMERIGO VESPUCCI. Es gibt modernere Schiffe, wie Polens DAR MLODZIEZY, und schnellere, wie Norwegens CHRISTIAN RADICH. Aber es gibt wohl kaum einen Großsegler, in dem Anmut und Seetüchtigkeit, Funktion und Zuverlässigkeit, Größe und Geschwindigkeit eine glücklichere Synthese eingegangen sind, als gerade bei diesem Segler. Dieses Schiff hat, was andere nicht haben: Es segelt unter einem glücklichen Stern.

Ein Grund zum Feiern

Der Stern blieb der GORCH FOCK treu, als sie auf ihrer 84. Reise nach Portugal und Südengland im Spätherbst 1988 von Sturm und Schnee überfallen wurde. Am Ende dieser Reise konnte konstatiert werden: 30 Jahre GORCH FOCK im Dienste der Marine und des Auswärtigen Amtes. Amtschef Konteradmiral Hein-Peter Weyher telegrafierte: „Wenn ein Schiff unter 8 Kommandanten in 30 Jahren 250 Häfen ansteuerte, unter 2000 Quadratmeter Segel 10 000 Soldaten als Ausbildungsstätte diente, dabei 500 000 Seemeilen zurücklegte und für mehr als 1 000 000 Menschen im In- und Ausland zum maritimen Symbol der Bundesrepublik Deutschland wurde, so ist das ein Grund zum Feiern.“
Wer so berühmt ist, der hat Pflichten. So führte die 85. Reise gleich zu zwei Großsegler-Paraden. In Rouen auf der Seine nahm die GORCH FOCK an den Feierlichkeiten zum 200. Jahrestag der Französischen Revolution teil, kurz darauf wurde mit einer Windjammer-Parade auf der Elbe der 800. Geburtstag des Hamburger Hafens gefeiert.
Bei aller Routine des Feierns und des täglichen Bordlebens gibt es doch immer Überraschungen im militärisch-maritimen Bordalltag. Seit der 86. und 87. Ausbildungsreise ins Mittelmeer gehören zum Bordpersonal fünf – später sieben – weibliche Sanitätsoffiziere. „Frauen an Bord bringen Unglück“, lautet eine alte Seemannsweisheit. Doch wieder einmal zeigte sich: An Bord der GORCH FOCK ist alles anders. Heute wird kein Aufhebens mehr gemacht von Frauen an Bord.
Die Reisen 88, 89 und 90 führten ins westliche Mittelmeer, an die französische Atlantikküste und nach Helgoland, und sie wären genauso unspektakulär und routinemäßig im Logbuch abgehakt worden wie so viele Reisen vorher, wenn die letzte Reise nicht mit einem historischen Abstecher geendet hätte.
Als im November 1989 die Mauer fiel und ein neues Kapitel deutscher Geschichte aufgeschlagen wurde, befand sich die GORCH FOCK mit Kurs Piräus im Mittelmeer. Die Besatzung konnte sich zunächst nur mit Hilfe von Funknachrichten und später mit nachgeschickten Videos ein Bild von der dramatischen Situation machen.

Ein historischer Besuch

Ziemlich genau ein Jahr später, am 14. Dezember 1990, lief die GORCH FOCK, von Cadiz kommend, erstmals einen Hafen der ehemaligen DDR an: Rostock-Warnemünde. Der Bark wurde in dieser alten Seefahrerstadt ein begeisterter Empfang bereitet. Für den Kommandanten der GORCH FOCK, Kapitän zur See Immo von Schnurbein, aber auch für alle Angehörigen der Bundesmarine ist mit dem Symbol dieses Besuches ein deutlicher Abschnitt in der Geschichte der Streitkräfte zu Ende gegangen.
Bei aller Seefahrtsromantik und dem Traum von weißen Segeln über blauen Tiefen wird nämlich leicht vergessen, daß die GORCH FOCK als Ausbildungsschiff der Bundesmarine zwar ein friedliches, im strengen Sinne aber doch ein „Kriegsschiff“ ist, auf dem junge Menschen eine militärische Ausbildung erhalten. Und der Kommandant ist kein pfeifeschmökender Kap Hornier, sondern ein militärisch ausgebildeter, hochdekorierter Marineoffizier mit klarem Auftrag – und ein Diplomat dazu. Das Ende des west-östlichen Spannungsverhältnisses bringt auch für ihn neue Aufgaben.
Ende Dezember 1990 begann für die GORCH FOCK eine längere Werftliegezeit bei den Motorenwerken Bremerhaven. Die Bark erhielt eine Klimaanlage für Reisen in tropische Gewässer und wurde von einigen Asbest-Verschalungen befreit. Am wichtigsten war allerdings der Einbau einer komplett neuen Antriebsanlage. Besonders der 800 PS starke Motor hatte sich als zu schwach und nach 23 000 Betriebsstunden als zunehmend störanfällig gezeigt. Ein 1660 PS starker Deutz-Diesel ist das neue Herzstück der Antriebsanlage. Um die jeweils acht Tonnen schweren Motoren auszuwechseln, mußte ein großes Loch in die Außenhaut des Schiffes geschnitten werden. Der neue Motor läßt die GORCH FOCK mit zwölf Knoten (22 km/h) unter Motor zwar nur unwesentlich schneller werden, ermöglicht jedoch in navigatorisch schwierigen Gewässern und bei schwerem Wetter eine wesentlich bessere Manövrierfähigkeit. Bei der Probefahrt ergab sich schließlich noch die Aufgabe, ein zusätzliches Wellenlager zu installieren, um die Vibrationen zu reduzieren.
Nach dieser Grundüberholung ist das Segelschulschiff in der Lage, bis über das Jahr 2000 hinaus seinen Ausbildungsauftrag zu erfüllen.
Schon im September 1991 setzte der „Fliegende Holländer der Freundschaft“ wieder Segel. Die 91. und 92. Auslandsausbildungsreise führten über 7000 Seemeilen (ca. 13 000 Kilometer) zunächst nach Plymouth, nach Nordafrika, Lissabon, den Kanarischen Inseln und zurück über Vigo in Nordspanien nach Kiel, wo die Bark kurz vor Weihnachten festmachte.

Die Columbus-Regatta

1992 wurde wieder ein besonderes Jahr im Leben der GORCH FOCK. Im Mittelpunkt standen zwei Überquerungen des Atlantiks im Rahmen der Columbus-Regatta anläßlich der Entdeckung Amerikas vor 500 Jahren. Die 93., 94. und 95. Reise dauerte von April bis Dezember 1992 und damit gut einen Monat länger als die Reise des Columbus in den Jahren 1492/93.
Der Kurs der Regatta, an der 31 Großsegler teilnahmen, führt von Cadiz zu den Kanarischen Inseln. Die GORCH FOCK belegte einen ausgezeichneten 4. Platz. Am 4. Juli, dem amerikanischen Unabhängigkeitstag, nahm die Bark in New York an einer der größten Windjammer-Paraden aller Zeiten teil, wobei nebliges Wetter leider die ganze Pracht der Veranstaltung verdeckte. Mitte Juli folgte vor Boston gleich die nächste Parade, und in den folgenden Monaten kreuzte der Dreimaster auf der Westseite des Atlantiks von den Bermuda-Inseln nach Martinique, nach Baltimore und schließlich über Ponta Delgada, Funchal, Malaga, Las Palmas und Porto heim nach Kiel.
Hier endete nach sechs Jahren an Bord die Dienstzeit des Kommandanten Immo von Schnurbein. Mit Fregattenkapitän Hering tritt dann ein Mann den Dienst an, der die GORCH FOCK von manchen Reisen her kennt und dafür Sorge tragen soll, daß die Bark der Bundesmarine auch weiterhin ein glückhaftes Schiff bleibt.

Svante Domizlaff

Nach der Wiedervereinigung war die alte Hansestadt Rostock der erste Hafen der ehemaligen DDR, den die GORCH FOCK anlief. Es blieb eine kurze Stippvisite. Die ganze Schönheit des Segelschulschiffes zeigte sich erst im Sommer 1991, als die GORCH FOCK unter dem vollen Schmuck ihrer Segel an der Windjammerparade „Hansesail" teilnahm. Sonniges Wetter und eine leichte Brise trugen dazu bei, daß die Veranstaltung ein voller Erfolg wurde. Es war bestimmt nicht der letzte Auftritt in Warnemünde.

153

154

155

Jede größere Hafenstadt wünscht sich zum Jubiläum eine Windjammerparade. Ist der Anlaß wichtig genug, kann damit gedient werden. Keine Frage, daß die GORCH FOCK kaum eine Party ausläßt. Anläßlich der 200-Jahr-Feier der Französischen Revolution versegelte die Bark nach Rouen an der Seine.
1989 feierte Hamburg an der Elbe bei trübem Wetter seinen 800. Hafengeburtstag. Die GORCH FOCK lief unter den Fontänen der Feuerwehrboote elbaufwärts (155), beide Anker in den Klüsen vorgefiert.
1989 wurde die Windjammerparade von Bremerhaven gefeiert. Die GORCH FOCK war auch dabei (154). Zu den seemännischen Aufgaben vor jeder Parade gehören auch Malarbeiten (156).

156

157

158

159

Die Jahre 1991/92 brachten in der Dienstzeit des Schulschiffes eine einschneidende Veränderung. Bei den Motorenwerken Bremerhaven wurde die GORCK FOCK eingedockt (153) und erhielt nicht nur ein neues Antriebsaggregat sondern eine Gesamtüberholung. Für Reisen in die Tropen wurde auch eine Klimaanlage installiert.

Für konservative Seeleute geradezu eine Revolution war die Entscheidung der Bundesmarine, künftig auch weibliche Kadetten auszubilden. Hieß es doch bisher: Frauen an Bord bringen Unglück. Die ersten Frauen an Bord waren Sanitäter, die sich ohne Privilegien am Dienst beteiligten (157) und deutlich auch Spaß an der Sache haben (158).

Für jeden Kadetten bringt die Arbeit an Schoten und Fallen zunächst nicht nur Schwielen an den Händen (159) sondern auch „im Kopf“.

Zum Start der Columbus-Regatta 1992 lief die GORCH FOCK Lissabon an. Die portugiesische Flagge weht am Großmast, als das Schiff am Tejo begrüßt wird (160). In Lissabon ist die GORCH FOCK eine alte Bekannte – es gibt wenige Häfen, die öfter besucht wurden.

99
D-168

161

162

163

164

165

Alte Schönheit, junge Schönheit. Bei der Columbus-Regatta laufen die 30 Jahre alte GORCH FOCK und die erst wenige Jahre alte DAR MLODZIEZY nebeneinander her. Was für ein Anblick! (161). Die blauen Tiefen des Atlantik sind das eigentliche Zuhause der Großsegler. Getrieben von den warmen Winden des Passat, unter azurblauem Himmel – da gerät jeder Seemann ins Träumen. Leider sind Törns über den Atlantik immer noch die Ausnahme. 1992, anläßlich der Columbus-Regatta, war es wieder einmal so weit. Stark gerefft läuft die GORCH FOCK Puerto Rico an (162). Ziel der Regatta waren die Großsegler-Treffen in New York (163, 164) und Boston (165). Nie zuvor hatten sich mehr Windjammer versammelt.

Ein Fest nicht nur für die Besatzungen, sondern genauso für die Bevölkerung. Ob in New York am Hudson River oder in der alten Seefahrerstadt Boston – der Eindruck blieb für alle unvergeßlich.

Die längste Reise

Als ich 1965 als Kadett erstmalig die GORCH FOCK betrat, ahnte ich natürlich noch nicht, daß ich einmal der erste Kommandant werden würde, der auf diesem Schiff vor dem Mast gearbeitet hat und der die damals für uns so geheimnisvollen Räume im Achterschiff einmal selbst bewohnen würde. So recht konnte ich mich mit diesem Gedanken auch nicht anfreunden, denn die Arbeit an Deck, die Enge und der doch rauhe Ton vermischten sich mit der angelesenen Seefahrerromantik und führten schnell in die Realität zurück – eine Realität, die uns sehr zu schaffen machte.
Wie immer bei prägenden Ereignissen vergaß auch ich schnell die weniger angenehmen Erinnerungen, und so freundete ich mich im Laufe der Zeit zunehmend mit dem Gedanken an, vielleicht doch noch einmal auf dem Segelschulschiff zu fahren. Als ein wahres Geschenk empfand ich es dann auch, als ich 1984 wieder auf die GORCH FOCK versetzt wurde und nach Verwendungen als Divisionsoffizier und Erster Offizier und einer guten Ausbildung durch meine beiden Vorgänger im Januar 1993 das Schiff als Kommandant übernahm.
Es sollten fast fünf glückliche Jahre werden, in die doch mehrere außergewöhnliche Ereignisse fielen. Unter anderem führte ich die GORCH FOCK als erstes Schiff unserer Marine nach der Wiedervereinigung zu einer planmäßigen Instandsetzung in eine Werft in die neuen Bundesländer; ich durfte anläßlich des 100sten Geburtstages des Nord-Ostsee-Kanals mit dem Bundespräsidenten an Bord den Kanalkorso von über 100 Schiffen anführen. Allerdings war ich es auch, der nach jahrzehntelanger Tradition den angestammten Liegeplatz an der Blücherbrücke vor dem Haus der schleswig-holsteinischen Landesregierung zugunsten des Liegeplatzes im Marinestützpunkt Kiel aufgeben mußte. Wirtschaftliche Zwänge führten zu dem Wechsel, der in Kiel große Emotionen hervorrief.
Der Höhepunkt meiner Kommandantenzeit war jedoch die zweite Weltreise. Im Oktober 1994 erhielt ich vom Inspekteur der Marine die Weisung, eine Reise zu planen mit Schwerpunkt südostasiatischer Raum und Südafrika. Sie durfte nicht länger als ein Jahr dauern. Über diese Weisung war ich sehr froh, denn sie ließ mir gegenüber der ersten Weltreise, die ich als Erster Offizier mitgemacht hatte, viel Planungsspielraum, zumal ich auch nicht durch irgendwelche Ereignisse in den Auslandshäfen zeitlich gebunden war.
Auf der Grundlage sorgfältiger meteorologischer Gutachten und nach Lektüre vor allem älterer Fachliteratur entstand eine Reise, die die längste der GORCH FOCK, ja sogar die längste Reise eines Schiffes unserer Marine überhaupt werden sollte.
Die Reise begann am 18. April 1996 in Kiel und verlief sehr erfolgreich: Der erste Höhepunkt war der Besuch in Israel am Tage der für den Friedensprozeß im Nahen Osten so entscheidenden Parlamentswahlen. Es folgten die Suezkanal-Passage, die Fahrt bei Sandsturm und großer Hitze durch das Rote Meer, die Querung des stürmischen Arabischen Meeres, bei der der schwere Magnetkompaß aus dem Deck riß, die von Schwachwind geprägte Fahrt durch die Malakka-Straße und Straße von Singapur sowie die Querung des Südchinesischen Meeres auf dem Wege zu den Philippinen, auf der wir glücklicherweise aus sicherer Distanz Zeuge von sechs äußerst giftigen Taifunen wurden.
Auf Mauritius erlebte die Besatzung bei strahlendem Wetter in paradiesischer Atmosphäre den zweiten Crewwechsel – Zeit für ein wenig Erholung der Stammbesatzung, aber auch notwendige Zeit für die Eingewöhnungsübungen der neuen Kadetten in

der Takelage. Es folgten erstmalig zwei südafrikanische Häfen – Port Elizabeth und danach Kapstadt. Doch zunächst galt es, eines der gefährlichsten Seegebiete zu durchfahren. Starke Südweststürme treiben vor der Südostküste des afrikanischen Kontinentes die Wellen gegen den nach Süden setzenden Agulhas-Strom. Es entstehen gefährlich hohe steile Seen, die Schiffen erhebliche Probleme bereiten können.

Einen kleinen Eindruck sollten auch wir davon bekommen. Bei 6–8 m hohen Wellen wurden Schiff und Besatzung ganz erheblich gefordert. Um so überwältigender anschließend die Umsegelung des Kaps der Guten Hoffnung. Bei strahlender Sonne und kräftiger Backstagsbrise segelten wir um das Kap und ankerten zu Füßen des Tafelberges. Fünf wunderschöne Tage durften wir anschließend in Kapstadt erleben.

Der beständige Südostpassat brachte uns nach dem unvergeßlichen Hafenaufenthalt schnell nach Brasilien. Weihnachten und Neujahr mitten im Südatlantik unter tropischem Himmel wird für uns alle unvergeßlich bleiben. Den letzten Crewwechsel erlebten wir in Recife bei ungewöhnlich hohen und vor allem für unsere aus Deutschland eingeflogenen Kadetten äußerst belastenden Temperaturen, hatten sie Deutschland doch bei erheblichen Minustemperaturen verlassen.

Vorwärtsgetrieben durch stetige Passatwinde, die uns auch in den Kalmen begleiteten, erreichten wir nach dem erfolgreichsten Segeltörn dieser Reise Barbados.

Mit der Westwinddrift ging es dann über den Nordatlantik zurück zu den Azoren, und nach 342 Tagen, dem Besuch von 18 Häfen und einer Gesamtstrecke von über 36000 Seemeilen kehrten wir in das vorfrühlingshafte Deutschland zurück.

Voller unvergeßlicher Eindrücke, froh wieder zu Hause zu sein, aber auch ein wenig wehmütig, liefen wir am 26. März 1997 in Kiel ein, begrüßt von einer großen Menschenmenge, die offensichtlich die Leistung der Besatzung zu würdigen wußte. Für viele war es die letzte Seefahrt auf dem Windjammer, der uns für lange Zeit eine sichere und zuverlässige Heimat gewesen war. Die „alte Dame“ hatte uns nie im Stich gelassen. Mir fiel natürlich ein großer Stein vom Herzen, waren wir doch alle wohlbehalten nach Hause zurückgekehrt.

Ich war und bin stolz auf meine Besatzung. Sie erfüllte ihren Auftrag an jedem Ort zu jeder Zeit durch vorbildliches Auftreten zur vollsten Zufriedenheit. Dies gilt übrigens für alle Besatzungen, die ich während meiner Kommandantenzeit erleben durfte. Ihnen gebührt in erster Linie mein besonderer Dank. Den Erfolg der Reisen haben die Marine und ich ihnen zuzuschreiben. Darüber hinaus war es für mich ein ermutigendes Zeichen, feststellen zu können, welche hohen Anforderungen man an unsere heute so oft gescholtene Jugend stellen kann. Die Kameraden haben mich nie im Stich gelassen.

Schiff und Besatzung haben sich wie immer bewährt. Die Ausbildung unserer jungen Kadetten auf der GORCH FOCK ist ein inzwischen von keinem mehr angezweifelter Bestandteil der Offiziersausbildung in der Marine geworden. Der diplomatische Wert des Schiffes in der sogenannten „Botschafter in Blau“-Funktion wurde auf der Reise eindrucksvoll unter Beweis gestellt. 1998 feiert das Schiff seinen vierzigsten Geburtstag. Bleibt zu hoffen, daß der schmucke Windjammer noch viele Jahre für diese wichtigen Aufgaben zur Verfügung stehen wird. Meine guten Wünsche werden das Schiff und seine Besatzung immer begleiten!

Thomas-Georg Hering

166

167

GORCH FOCK während der 105. AAR auslaufend Tejo-Mündung im Nordatlantik (166); Kurs Suezkanal und Rotes Meer (167).
Wer kräftig zupackt, darf anschließend auch ein kühles Bad nehmen – hier vor Djibouti (168, 169).
GORCH FOCK im Indischen Ozean (170); bei diesen Temperaturen ist das überkommende Wasser nicht unangenehm (171).
Bordroutine wie auf allen Reisen: Ohne „Reinschiff" und Kartoffelschälen läuft nichts an Bord (172, 173).
GORCH FOCK nach dem Verlassen von Port Elizabeth in der Dünung des Agulhas-Stroms (174); auslaufend Kapstadt, im Hintergrund der Tafelberg (175).

170

171

172

173

174

175

Der GORCH FOCK-*Virus*

Wenn ich auch als 10. Kommandant erst 8000 Seemeilen oder 1 Prozent der gesamten Fahrtstrecke des Schiffes verantwortlich gesegelt bin und sozusagen noch das „Küken" im Reigen der großen Kommandanten bin, so hat er mich schon gepackt, der GORCH FOCK-Virus, unwissenschaftlich auch „GFV" abgekürzt.

Auf die Frage, was wir nur ohne die GORCH FOCK machen würden, lautet die einzig richtige Antwort: „Wir müßten schnellstens eine bauen!"

Die Frage ist im 40sten Lebensjahr des einzigen Großseglers unserer Deutschen Marine aktueller denn je. Der Geburtstag gibt natürlich Anlaß zum Feiern – und wie –, doch viel Zeit bleibt dafür nicht. 1998 ist gleichzeitig auch ein typisches Arbeitsjahr für das Schiff. 150 Tage Seefahrt mit 300 auszubildenden zukünftigen Unteroffizieren und Offizieren sowie zahllose VIP-Besuche gilt es zu bewältigen. Der dreifache Auftrag des Schiffes, Ausbildung, Öffentlichkeitsarbeit im Inneren und Botschafter nach außen, kommt auch im 40. Lebensjahr voll zum Tragen.

Es geht an Bord zunächst um Ausbildung, um seemännische Grundausbildung. Das Praktikum erscheint mit acht Wochen Dauer nur sehr kurz, dennoch hat es einen hohen Stellenwert innerhalb des Ausbildungsganges zum Offizier/Unteroffizier. Erstes Bordkommando, erster Kontakt mit der fahrenden Marine, mit einem Schiff, mit der Bordroutine, mit der See, mit Wind und Wetter, mit ausländischen Häfen, Seewachen – kurz mit dem Umfeld, von welchem der junge Mann oder die junge Frau sich erhofft oder erträumt, daß es für die nächsten Jahre oder für immer ihre Berufswelt sein wird.

Die GORCH FOCK polarisiert und hilft den Kadetten, aber auch den Vorgesetzten, zu wählen, eine Entscheidung zu treffen. In vielen Fällen beantwortet sich die Frage nach dem zukünftigen Beruf schon hier. GORCH FOCK ist also in erster Linie eine Charakterschule und Prüfung: Kann ich im Team arbeiten, kann ich Kamerad sein, mich in einer Gemeinschaft unter extremen Bedingungen anpassen, aber auch durchsetzen, wenn es sein muß? Industriebetriebe schicken ihre zukünftigen Chefs in den Iglu nach Neufundland oder in ein einsames Bergdorf in die Kordilleren, um Führungsqualitäten zu testen und zu entwickeln.

Erst in zweiter Linie sind wir werbende Botschafter. Dieser Auftrag kann jedoch gar nicht hoch genug eingeschätzt werden. Bisher haben schon mehrere Millionen Menschen im In- und Ausland unser Schiff besucht. Es werden sicher noch viele hinzukommen, darunter Persönlichkeiten aus Politik und Gesellschaft, für die wir die Plattform sind, um unsere Marine und unser Land zu vertreten. Werbung nach innen und Öffentlichkeitsarbeit nach außen sind Selbstläufer. Die GORCH FOCK ist immer interessant und eine Nachricht oder einen Hintergrundbericht wert. Die Mischung aus nostalgischer Windjammerschönheit und dem Reiz der großen weiten Welt, Tuch und Tauwerk der Segelfahrt kommen überall an, finden Anklang, Zustrom, ja Begeisterung: „... what a beautiful ship you have ..., quel beau bateau ..."

Dies macht die Frauen und Männer stolz, läßt sie wie selbstverständlich die harte Arbeit in der Takelage und die zahlreichen Reinschiffgroßveranstaltungen ertragen.

Hier wird sozusagen das eigene Schiff immer wieder neu aufpoliert. Und wenn sie dann von Bord gehen, breitbeinig, etwas schaukelnder Gang, sonnengebräunt, hinterm Ohr noch nach Salz schmeckend für die Freundin oder den Freund, die Muskeln hart geworden und der Oberkörper geweitet, hat sich auch im Inneren etwas verändert – es ist etwas eingepflanzt worden: der „GORCH FOCK-Virus"; bei einigen dehnt er sich aus und ergreift Besitz, bei vielen läßt er sich wieder zurückdrängen, um im entscheidenden Moment wieder Einfluß zu nehmen ... Seefahrt, ja, tut Not, unbedingt!

Die GORCH FOCK ist in der Marine endlich unumstritten. Mir sagte einmal ein hoher Heeresoffizier: „Am liebsten würde ich noch mehrere GORCH FOCKS bauen lassen, um auch dem Offiziersnachwuchs des deutschen Heeres dieses Ausbildungserlebnis, dieses Gemeinschaftsgefühl, diesen berühmten Crewgeist der Marine zu vermitteln.“ Ein schöneres Kompliment kann man nicht machen.

In diesem Jahr feiern wir den 40sten Jahrestag des Stapellaufs sowie der Indienststellung des deutschen Segelschulschiffes. Mit der Absegnung der Reiseplanung bis 2000 sowie der geplanten umfangreichen Instandsetzungsperioden 1999 und 2001 ist die Perspektive des Schiffes gesichert.

Der Weg bis zur Jahrtausendwende ist vorgezeichnet, und darüber hinaus sind bereits alle Weichen für ein noch langes Leben gestellt. Noch 1998 stehen eine Frühjahrsreise in die skandinavischen Hauptstädte sowie die Herbstreise ins Mittelmeer bevor. Nach einer größeren Instandsetzungsperiode zu Beginn des Jahres 1999 wird man die GORCH FOCK in einem für sie bisher unbekannten Gewässer, dem Schwarzen Meer, segeln sehen. 2000 nehmen wir dann nach langer Zeit wieder an einer großen STA-Regatta (Cadiz–Bermuda) teil. Nach den Feierlichkeiten in New York zur Jahrtausendwende stehen die Teilnahme als EXPO 2000-Flaggschiff in Wilhelmshaven sowie bei der „Sail“ in Bremerhaven auf dem Programm. Kurze Zeit später zieht es das Schiff dann wieder auf die hohe See, diesmal nach Westafrika zu einer dreimonatigen Herbstreise.

2001 werden die 1999 begonnenen Umrüstungsmaßnahmen zu Ende geführt. Neben den Verbesserungen der Klimaanlage, der Erneuerung des gesamten Abwassersystems sowie aller Decksbeläge stehen der Austausch veralteter Navigations- und Kommunikationsanlagen sowie der Einbau einer Querschubanlage auf dem Auftragszettel für die Werft.

Mir hat kürzlich ein 12jähriger Junge geschrieben, daß es sein Berufswunsch sei, Kommandant der GORCH FOCK zu werden und er frug, was er dafür machen müsse. Anscheinend hat er sich mit dem Virus schon infiziert. Seine Mutter hat hinzugefügt, daß er seitdem sehr ernsthaft und hart in der Schule arbeitet. Ich hoffe, daß ich es noch erleben werde, wenn dieser junge Mann sich irgendwann einmal in die Kette meiner Nachfolger einreihen wird. Ich wünsche ihm, daß er es schafft. Die GORCH FOCK würde es gern erleben.

John Schamong

Anhang

Die Reisen

1. Kiel–Santa Cruz de Tenerife–Kiel
2. Kiel–Aberdeen–Kiel
3. Kiel–Gävle–Wilhelmshaven–Helgoland–Kiel
4. Kiel–Ostende–Lissabon–Cannes–Neapel–Kiel
5. Kiel–Aarhus–Kiel–Oslo–Travemünde–Kiel
6. Kiel–St. Malo–Reykjavik–Kiel
7. Kiel–Funchal–London–Kiel
8. Kiel–Flensburg–Hamburg–Rotterdam–Kiel
9. Kiel–Santa Cruz–New York–Ponta Delgada–Kiel
10. Kiel–Dartmouth–Rotterdam–Faröer–Göteborg–Kiel
11. Kiel–Bremen–Flensburg–Kiel–Lübeck–Kiel–Travemünde–Kiel
12. Kiel–Las Palmas–St. Thomas–San Juan–Kiel
13. Kiel–Harstedt–Akureyri–Thorshavn–Edinburgh–Kiel
14. Kiel–Funchal–Wilhelmshaven–Kiel
15. Kiel–Emden–Vigo–Lissabon–Bermudas
16. Bermudas–New York–New London–Island–Dublin–Bergen–Kiel
17. Kiel–Leixoes–Tanger–Kiel
18. Kiel–San Juan (Puerto Rico)–Kiel
19. Kiel–Thorshavn–Trangisvaag–Galway–La Pallice–Stockholm–Kiel
20. Kiel–Arecife–Santa Cruz–Kiel
21. Kiel–Gibraltar–Tunis–Alicante–St. Malo
22. Kiel–Kopenhagen–Den Helder–Reykjavik–Isafjördur–Stavanger–Kiel
23. Kiel–Madeira–Casablanca–Lissabon
24. Lissabon–Recife–Pernambuco–Ponta Delgada–Kiel
25. Kiel–Bordeaux–Wilhelmshaven
26. Wilhelmshaven–Trondheim–Kiel
27. Kiel–Visby–Lübeck
28. Kiel–Sunderland
29. Kiel–Hamburg–Flensburg–Kiel
30. Kiel–Santa Cruz de Tenerife–Horta/Azoren–Kiel
31. Kiel–Göteborg–Kristiansand–Stornoway–Cork–Kiel
32. Kiel–Agadir–Cadiz–Kiel
33. Kiel–Bordeaux–Ostende–Kiel
34. Kiel–Tromsö–Akureyri–Kiel
35. Kiel–Toulon–Monaco–Falmouth–Kiel
36. Kiel–Plymouth–Santa Cruz de Tenerife–London–Kiel
37. Kiel–Vigo–Den Helder–Kiel
38. Kiel–Nantes–Tunis–Messina–Lissabon
39. Lissabon–Ponta Delgada–Dublin–Kiel
40. Kiel–Funchal–Dakar–Ponta Delgada
41. Ponta Delgada–Malaga–Cowes–Malmö–Travemünde–Kiel–Flensburg
42. Kiel–Cork (Irland)–Cadiz–Kiel
43. Kiel–Stockholm–Kopenhagen–Travemünde/Lübeck–Kiel
44. Kiel–Casablanca–Freetown–Nantes–Kopenhagen–Gdingen–Kiel
45. Kiel–London–La Coruña–Eckernförde–Kiel
46. Kiel–Nizza–Cagliari–Sevilla–Kiel
47. Kiel–Amsterdam–London–Porto–Kiel
48. Kiel–Cork–Portsmouth–Kiel
49. und
50. Kiel–Santa Cruz–Bermuda–Newport–New York–Baltimore–Godthåb–Oslo–Hamburg–Kiel
51. Kiel–Lissabon–Plymouth–Kiel
52. Kiel–Sète–Split–Istanbul
53. Istanbul–La Valetta/Malta–Malaga–Bremerhaven–Kiel
54. Kiel–Antwerpen–Funchal–Kiel
55. Kiel–Rotterdam–Liverpool–Kiel
56. Kiel–Reykjavik–Göteborg–Oslo–Kiel
57. Kiel–Vigo–Aberdeen–Kiel
58. Kiel–El Ferrol–Brest–Ostende–Kiel
59. Kiel–Sevilla–Dartmouth–Kiel
60. Kiel–Funchal–Bermuda–Boston–Kiel
61. Kiel–Karlskrona–Frederikshavn–Amsterdam–Bremerhaven–Kiel
62. Kiel–Lissabon–Vigo–Kiel
63. Kiel–Malaga–Livorno–Tunis–Gent–Kiel
64. Kiel–Cadiz–Porto–Kiel
65. Kiel–Hamburg–Kopenhagen–Stockholm–Kiel
66. Kiel–Falmouth–Lissabon–Thorshavn–Kiel
67. Kiel–Casablanca–St. Malo–Kiel
68. Kiel–Bordeaux–Dun Laoghaire–Kiel
69. Kiel–Las Palmas–San Juan–Norfolk
70. Norfolk–Philadelphia–Portsmouth/N. H.–Ponta Delgada–Hamburg–Kiel
71. Kiel–Santa Cruz de Tenerife–St. Johns/Antigua–Roosevelt Roads–Boston–Quebec
72. Quebec–Sydney–Liverpool–Kiel
73. Kiel–Portimao–Nantes–Kiel
74. Kiel–Amsterdam–Edinburgh–Wyk auf Föhr–Glücksburg–Kiel
75. Kiel–Lissabon–Sevilla–Kiel
76. Kiel–Rouen–Helsinki–Kiel
77. Wilhelmshaven–Bremerhaven–Larvik–Göteborg–Trangisvaag–Reykjavik–Kiel
78. Kiel–Tanger–Lorient–Kiel
79. Kiel–La Coruña–Cherbourg–Borkum–Kiel
80. Kiel–Las Palmas–Fort-de-France–Panama City–Acapulco
81. Acapulco–San Diego–Pearl Harbor
82. Pearl Harbor–Apia–Wellington–Sydney–Melbourne
83. Melbourne–Fremantle–Colombo–Maskat–Djibouti–Haifa–Palma de Mallorca–Leixoes–Kiel
84. Kiel–Portsmouth–Lissabon–Kiel
85. Kiel–Santander–Rouen–Hamburg–Kiel
86. Kiel–Malaga–Malta–Toulon
87. Toulon–Piräus–Cartagena–Kiel
88. Kiel–St. Malo–Helgoland–Kiel
89. Kiel–Cherbourg–Madeira–Palma de Mallorca
90. Palma de Mallorca–Livorno–Cadiz–Warnemünde–Kiel
91. Kiel–Plymouth–Agadir–Lissabon
92. Lissabon–Santa Cruz de Tenerife–Vigo–Kiel
93. Kiel–Cadiz–Santa Cruz de Tenerife–San Juan–Philadelphia–New York–Boston–Hamilton–Fort-de-France–Baltimore
94. Baltimore–Ponta Delgada–Funchal–Malaga
95. Malaga–Las Palmas–Porto–Kiel
96. Kiel–Tallin–Visby–Gdingen–Kiel
97. Kiel–Lissabon–Barcelona–Toulon
98. Toulon–Casablanca–Vigo–Kiel
99. Kiel–Trondheim–Kiel (wegen Maschinenschadens Abbruch der Reise, Ausfall des Hafens Edinburgh)
100. Kiel–Flensburg–Funchal/Madeira–Dakar–Arrecife/Lanzarote
101. Arrecife/Lanzarote–Malaga–Portimão–Kiel
102. Kiel–Sevilla–La Valetta/Malta–Palma de Mallorca
103. Palma de Mallorca–Tunis–Tanger–Kiel
105. Kiel–Lissabon–Palermo–Haifa–Djibouti–Cochin–Port Kelang–Jakarta–Manila–Bangkok
106. Bangkok–Singapur–Malé–Port Louis
107. Port Louis–Port Elizabeth–Kapstadt–Recife
108. Recife–Bridgetown–Hamilton–Ponta Delgada–Kiel
111. Kiel–London–Agadir–Malaga
112. Malaga–Civitavecchia–Cadiz–Kiel

Takelriß

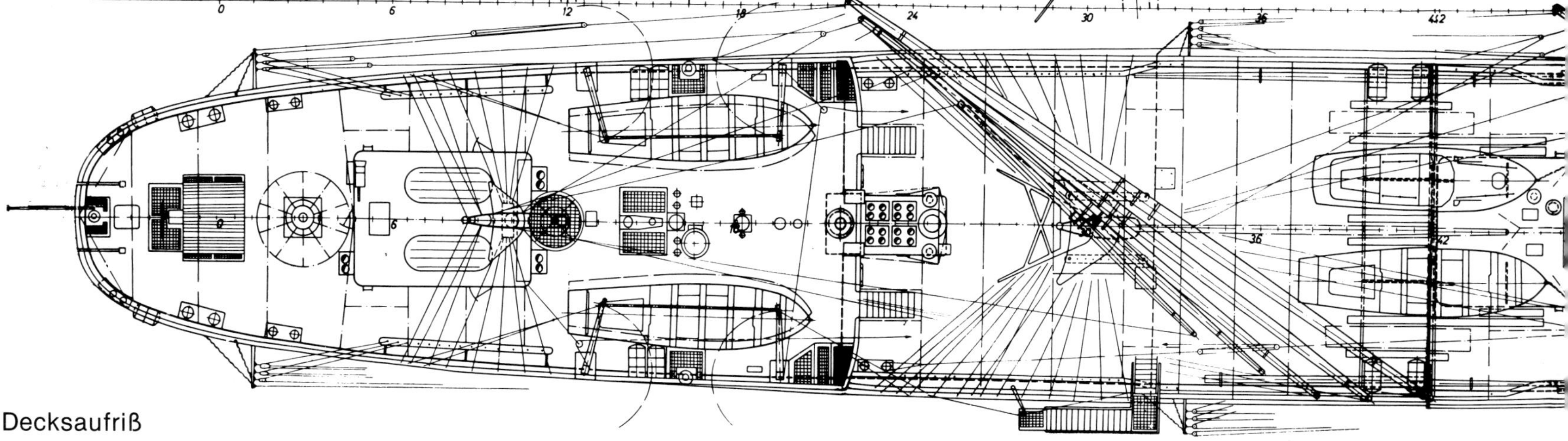

Decksaufriß

Abmessungen:

Fockmast	45,3 m über KWL
Großmast	45,5 m über KWL
Besanmast	40,0 m über KWL
Fock und Großrah	24,0 m
Bugspriet	9,6 m
Besanbaum	16,4 m

(KWL = Konstruktionswasserlinie)

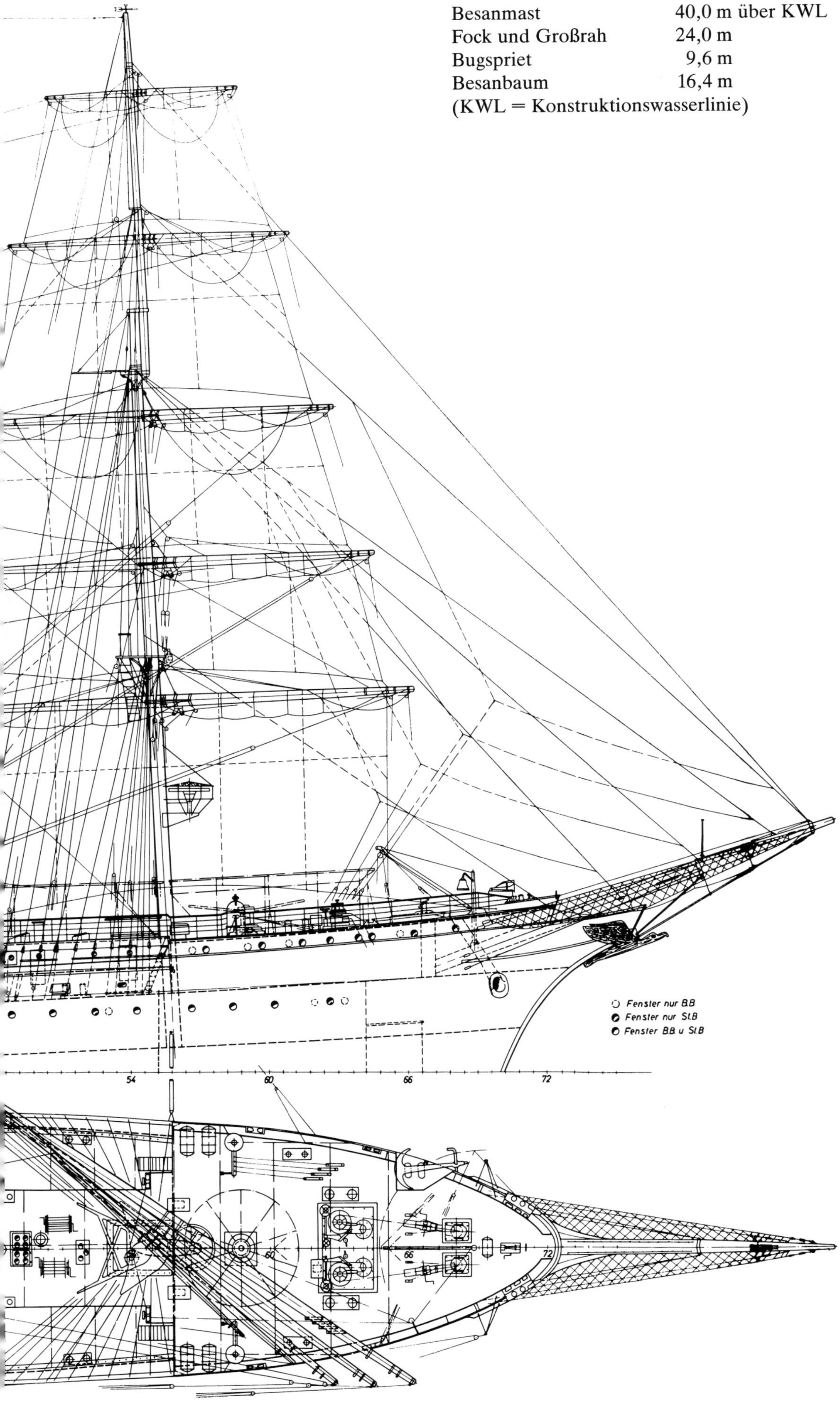

Stehendes Gut und Spieren

Auf dem Segelschulschiff GORCH FOCK sind alle **Masten, Stengen** und **Rahen** sowie der *Bugspriet, Besanbaum* und die *Besangaffel* aus **Schiffbaustahl.**

Die Untermasten des Fock- und Großmastes werden in der Höhe der Unterrahen zur besseren seitlichen Abstützung durch die Marsen unterteilt. Der Teil oberhalb der Marsen führt die Bezeichnung **Marsstenge,** obwohl die Untermasten bis zum Stengetopp aus einem Stück sind. An den Stengetoppen befinden sich die **Bramsalinge.** Sie stellen eine feste Verbindung zwischen den Untermasten und den Bramstengen dar und nehmen den seitlichen und senkrechten Druck auf, den die Stengen am Fuß auf die Untermasten ausüben. Über den Topp der Untermasten ist das **Eselshaupt** gestreift, das zur Führung der Bramstenge dient.

Der Besanmast wird oberhalb des Gaffellümmels durch die Besansaling unterteilt, die der besseren seitlichen Stützung dient.

Allgemeine Takellagekunde und Begriffsbestimmungen:

1. **Spieren:** Als Spieren bezeichnet man alle *Rundhölzer,* die dem Rigg zur Aufnahme, Leitung oder Befestigung von *laufendem Gut* dienen.
   a) Der **Bugspriet** wird nach oben durch die Stagen des Vortopps, seitlich durch die **Backstagen** und nach unten durch das große und das kleine **Wasserstag** gehalten. Der Bugspriet ist die Halterung der Vorstagsegel.

   b) Die **Stengen** verlängern die Masten von der Bramsaling an aufwärts und tragen die Rahen der oberen Segel (Bram und Royal). Beide Stengen (an Fock- und Großmast) können nötigenfalls nach unten weggefiert werden.

   c) Die **Rahen** halten und tragen die Rahsegel und geben diesen die gewünschte Stellung zum Wind. Sie werden *horizontal* bewegt und gekantet durch die an ihren Nocken angebrachten **Brassen,** *vertikal* durch die **Toppnanten,** soweit diese (wie bei Groß- und Fockrah) beweglich gehalten sind.
   Die Unterrahen (Fock- und Großrah) sowie die Untermarsrahen können nicht vorgeheißt werden. Obermars-, Bram- und Royalrah sind vorheißbar. Die Segel sind mit ihrem oberen Liek an die Rahen *angeschlagen.*

   d) **Gaffeln und Besanbaum** sind bewegliche Spieren am Besanmast und nehmen zwischen sich den oberen und unteren Besan auf.

2. **Stehendes Gut** ist Stahldrahttauwerk zum Abstützen der Masten und Stengen. Es ist unbeweglich und auf Spannschrauben gesetzt.

a) **Stagen** sind einfach oder doppelt geschoren und stützen die Masten und Stengen auch *voraus ab.* Die Stagen dienen gleichzeitig als Leiter für Vor-, Groß- und Besanstagsegel.

b) **Wanten** sind die *seitliche* und gleichzeitig stärkste *Abstützung* der Masten und Stengen. Man unterscheidet die **Unterwanten,** die **Marsstengewanten** und die **Bramstengewanten.** Unterwanten dienen zur Abstützung des Untermastes, Marsstengewanten zur Abstützung des Mastes oberhalb der Mars (ein fester Teil des Mastes, auch Marsstenge genannt), Bramstengewanten dienen zur Abstützung der als Verlängerung des Untermastes gesondert aufgesetzten Bramstenge. Die Verbindung zwischen den jeweils unteren und oberen Wanten bilden die **Püttingswanten,** die schräg über die Mars- bzw. Bramsaling führen. Alle Wanten sind *ausgewebt.*

c) **Pardunen** stützen Masten und Stengen nach *achtern* ab.

1. Laufendes Gut:

Das laufende Gut steht entweder mit den Rundhölzern oder unmittelbar mit den Segeln in Verbindung. Es dient in der Hauptsache dem *Setzen, Bergen* und *Bedienen* der Segel.

a) **Fallen** dienen **zum Heißen** der Segel; alle Stagsegel sowie das Besantoppsegel haben Fallen. Von den Rahsegeln sind, jeweils an den Rahen angreifend, Obermars, Bram, Royal mit einem Fall versehen.

b) **Schoten:** Die Schoten der **Stagsegel,** des **Besans** sowie von Fock und **Großsegel** dienen zum Fieren und Dichtholen des Segels. Sie geben ihm die gewünschte Stellung zum Wind. Bei den *Rahsegeln* übernimmt diese Aufgabe die Rah in Zusammenarbeit mit den Brassen. Die Schoten haben hier eine *andere Aufgabe.* Sie laufen von den Schothörnern der Segel durch einen Block an der Nock der darunter befindlichen Rah an Deck, von wo aus diese bedient werden. Ihre Aufgabe ist es, beim *Vorschoten* die Schothörner und somit das Unterliek des Segels an die untere Rah zu holen, um dann durch das Heißen der Rah (bei der Untermars bereits endgültig durch das Vorschoten, da sie nicht geheißt wird) dem Segel eine einwandfrei durchgesetzte und glatte Form zu geben. Fock und Großsegel werden mit ihrem Luvschothorn in einem steifgesetzten Hals festgehalten.

c) **Brassen** dienen dazu, die Rahen *horizontal* zu bewegen und den Segeln somit die gewünschte Stellung zum Wind zu geben. Fock- bzw. Groß-, Unter-und Obermarsbrass laufen über einen seitlich von der Bordwand abstehenden **Brassbaum.**

d) **Niederholer** sind das Gegenstück zu den Fallen und sollen ein schnelles **Niederholen** der Segel sicherstellen. Von den Rahen hat nur die Obermarsrah einen Niederholer.

e) **Toppnanten:** Obermars-, Bram- und Royalrahen hängen in *weggefiertem* Zustande in festen Toppnanten, die vom Mast bzw. der Stenge ausgehend an die Rahnocken angreifen und so die **Rahen tragen.** Bei vorgeheißten Rahen fallen die festen Toppnanten in losen Buchten hinter die Segel. Fock und Großsegel haben bewegliche Toppnanten, die Rahen sind dagegen fest. Die beweglichen Toppnanten greifen ebenfalls an den Rahnocken an, laufen dann jedoch, über einen höhergelegenen Block geleitet, am Mast nach unten an Deck. Mit den *beweglichen* Toppnanten können die Rahen somit *vertikal bewegt* werden. Z.B.: Beim Holen der Stbd.-Toppnanten wird somit die Stbd.-Nock der Rah gehoben, die Bb.-Nock senkt sich entsprechend.

f) **Geitaue** bilden an den Rahsegeln das Gegenstück zu den Schoten. Sie greifen in den *Schothörnern* an und **holen** beim Aufgeien die **Schothörner** an die darüber befindliche **Rah.** Alle Rahsegel, außer der Obermars, haben Geitaue und können somit aufgegeit werden. Bei der Obermars erübrigt sich das, da sie durch Fieren des Obermarsfalls und Holen des Obermarsniederholers bis fast auf die Untermarsrah gefiert werden kann. Bram- und Royalsegel werden sowohl aufgegeit als auch die Rahen entsprechend weggefiert, jedoch nicht bis auf die darunter liegende Rah.

g) **Gordings** haben dieselbe Aufgabe wie die Geitaue, nur daß sie nicht an den Schothörner, sondern am Liek des Segels anfassen, um diese an die darüber befindliche Rah zu holen.

h) **Refftaljen** sind nur an Fock und Großsegel vorgesehen, um das Reffliek der schweren Segel leichter an die Rah holen zu können.

i) **Halsen:** Während die Schoten bei Fock und Großsegel das Leeschothorn in die Stellung bringen, die das Segel entsprechend zum Wind gestellt, wird das *Luvschothorn* durch den *Hals* in Luv nach voraus steif nach unten durchgesetzt.

j) **Gaffelgeeren** dienen zum seitlichen Bewegen oder Festhalten der Gaffel.

k) **Bullentalje** dient dazu, den Besanbaum auf seiner Leeseite festzuhalten.

l) **Besanaus- und Einholer** dienen zum Aus- und Einholen des Besans zwischen den Gaffeln bzw. Gaffel und Baum.

2. Segel: Man unterscheidet Rah- und Schratsegel.

a) **Schratsegel** sind die Stagsegel und die Besansegel. Die **Stagsegel** sitzen mit ihrer unteren vorderen Ecke, dem **Hals,** fest verschäkelt an einem Stropp. Die obere Ecke wird der **Kopf** genannt. An ihm greift das *Fall* an zum Heißen des Stagsegels sowie der Niederholer, der meistens zur besseren Handhabung durch einen festen Block am Hals des Segels geführt wird. Die achtere untere Ecke wird das **Schothorn** genannt. In ihm greifen die *Schoten* an, die den Stagsegeln die entsprechende seitliche Stellung zum Wind geben. Die **Besansegel,** bestehend aus *unterem* und *oberem* Besan, laufen an Gleitschienen bzw. Gleitstandern zwischen Besanbaum und unterer Gaffel und unterer und oberer Gaffel und können horizontal aus- bzw. eingeholt werden. Beim Einholen des Besans dienen **Schnürgordings** dazu, das Segeltuch zusammenzuhalten. **Besan-Toppsegel:** Es ist ein *dreieckiges* Segel, das zwischen dem Topp des Besanmastes und der oberen Gaffel gefahren wird.

b) **Rahsegel:** Die Rahsegel sind mit ihrem oberen Liek an der vorderen oberen Seite der Rah am **Jäckstag** angeschlagen. Sie sind trapezförmig und können mit Hilfe von Gordings und Geitauen aufgegeit, d.h. an die Rah heraufgeholt werden. An ihren unteren Ecken, den sogenannten Schothörnern, fassen die Schoten an. Mit Ausnahme von Großsegel und Fock führen die Schoten aller Rahsegel durch drehbare Blöcke an den Nocken der darunter befindlichen Rah an den Mast und von dort zur Bedienung an Deck. Fock- und Großsegelschoten führen direkt an Deck. Beide Segel haben zusätzlich als Gegenpol zur Schot den Hals, der das Luvschothorn des Untersegels steif setzt, während das Leeschothorn durch die jeweilige Schot bedient und dem Segel somit die gewünschte Stellung zum Wind geben wird.

Hans Freiherr von Stackelberg

Wolfgang Erhardt

geb. 1907 in Rostock; nach Abitur 1927 Eintritt in die Reichsmarine mit Ausbildung zum Seeoffizier; drei Monate als Matrose auf Segelschulschiff NIOBE; Laufbahn auf HORST WESSEL, GORCH FOCK und ALBERT LEO SCHLAGETER als Topp-, Wach- und 1. Offizier; während des Krieges Torpedoboot-Kommandant und Stützpunktkommandeur; 1956 Eintritt in die Bundesmarine als Kommandeur der Marineunteroffiziersschule Brake; ab Dezember 1957—Juni 1962 als Kapitän zur See Kommandant der GORCH FOCK; danach Kommandeur des »Kommando der Schulschiffe«; 1965 aus dem aktiven Dienst ausgeschieden; † 1984

Hans Engel

geb. 1910 in Kiel; nach dem Abitur Eintritt in die Reichsmarine; 1932 Leutnant zur See; Ausbildungs-und Lehroffizier bei der Marineartillerie; ab 1937 Wachoffizier auf ADMIRAL SCHEER, Ausbildung zum U-Boot-Kommandanten; englische Gefangenschaft bis 1946; ab Mai 1956 im Kommando der Marineausbildung; 1961—62 1. Offizier der GORCH FOCK, ab Juli 1962 bis 1965 Kommandant; bis 1968 Leiter der Verbindungsstelle Marine/Handelsmarine; Herbst 1967 bis 1981 deutscher Delegierter der Sail Training Association, seit 1973 ihr Vizepatron. Mitgründer und im Präsidium des Vereins CLIPPER, Deutsches Jugendwerk zur See

Peter Lohmeyer

geb. 1911 in Sansibar; Schulzeit in Hamburg und Bielefeld; Ausbildung zum Handelsschiffsoffizier; ab 1934 bei der Kriegsmarine als Kommandant von Fernaufklärungsflugbooten bei den Seefliegern und von U-Booten; nach dem Krieg in der zivilen Flugsicherung als Flugleiter; ab 1956 zur Bundesmarine als Marineflieger; ab 1963 als 1. Offizier auf die GORCH FOCK, deren Führung er 1965 übernahm; nach der Pensionierung 1969 4 1/2 Jahre Kapitän der Passagierdampfer HANSEATIC und HAMBURG; heute Kapitän auf Segelschiffen beim Deutschen Jugendwerk zur See, CLIPPER

Ernst von Witzendorff

geb. 1916 in Neustrelitz. Nach dem Abitur 1936 Eintritt in die Kriegsmarine 1937. Während der Ausbildung zum Seeoffizier 3 Monate als Matrose auf HORST WESSEL. Im Kriege Wachoffizier auf Torpedobooten und U-Booten in Nordsee, Atlantik und Mittelmeer. Anschließend ab 1942 Kommandant auf U-Booten im Atlantik. 1956 Eintritt in die Bundesmarine; 1958 Segelvorausbildung auf der AMERIGO VESPUCCI. 1957—1960 Navigations- und Kadettenoffizier, 1962—1964 1. Offizier der GORCH FOCK. April 1966—Oktober 1967 Kommandant des Zerstörers BAYERN. Jan. 1969—Okt. 1972 Kommandant der GORCH FOCK. Danach Leiter der Verbindungsstelle Marine/Handelsmarine in Hamburg

Hans Freiherr von Stackelberg

geb. 1924 in Reval (Estland); nach Abschluß der Oberschule Dienst in der Marine als U-Boot-Wachoffizier; 1956 Eintritt in die Bundesmarine als Oberleutnant zur See; 1958—1960 Besuch mehrerer Ausbildungslehrgänge in den USA sowie Bordkommandos auf Amphibienfahrzeugen und Zerstörern; siebenjährige Fahrenszeit auf der GORCH FOCK; sämtliche Offiziersdienstposten auf der GORCH FOCK durchlaufen, vom Segeloffizier bis zum Kommandanten; von 1972—1978 Kommandant des Segelschulschiffs; danach Referatsleiter im Führungsstab der Marine. Seit 1984 Präsident der »Sail Training Association Germany«

Horst Helmut Wind

geb. 1927 in Flensburg; 1944 Eintritt in die Kriegsmarine als Offiziersanwärter; nach Kriegsende Beamter der Wasserschutzpolizei und Sportausbilder an der Polizeischule Hamburg; danach Fahrtzeit bei der Handelsmarine; fünf Jahre auf der PASSAT, zuletzt als 1. Offizier; Patent »Kapitän auf großer Fahrt«; ab 1959 als Segeloffizier auf der GORCH FOCK; nach Kommandos auf verschiedenen Marineschiffen Admiralstabsausbildung in Hamburg; April 1978—April 1982 als Kapitän zur See Kommandant der GORCH FOCK; danach Kommandeur im Verteidigungsbezirk 10 und Standortkommandant Hamburg; ab Oktober 1983 bis zur Pensionierung im Oktober 1985 Kommandeur der Marineschule Mürwik als Flottillenadmiral

Nickels Peter Hinrichsen

geb. 1939 in Oldsum (Insel Föhr); Ausbildung zum Handelsschiffsoffizier, beginnend 1956 auf dem Segelschulschiff PASSAT. Fahrtzeit bei verschiedenen deutschen und internationalen Reedereien, zuletzt Erster Offizier eines Supertankers; 1964 Patent Kapitän auf Großer Fahrt in Hamburg; ab 1965 Ausbildung zum Berufsoffizier der Marine, Kommandos auf Versorgern, Fregatten, Zerstörern und der GORCH FOCK; Admiralstabsausbildung in Hamburg; 1979—1986 1. Offizier und Kommandant der GORCH FOCK; ab 1986 Geschwaderkommandeur in Kiel

Immo von Schnurbein

geb. 1938 in Berlin; nach Abitur 1958 Eintritt in die Marine als Offiziersanwärter; 1962 Leutnant zur See; wiederholte Verwendungen auf GORCH FOCK als Segel-, Divisions- und 1. Offizier, Wachoffizier und Kommandant von Minensuchbooten, Geschwader-Fernmeldeoffizier, Geschwader-Kommandeur des 1. Versorgungsgeschwaders; 1971 bis 1973 Admiralstabsausbildung; 1978/79 beurlaubt und als Kommandant des SSS SHEBAB OMAN im Dienst des Sultanats Oman. $3^1/_2$ Jahre beim Führungsstab Marine; ab März 1986 Kommandant der GORCH FOCK. Ab 1998 Kapitän Kreuzfahrtschiff DEUTSCHLAND.

Thomas-Georg Hering

geb. 1943 in Berlin; 1965 Eintritt in die Marine als Offizieranwärter; 1969 Beförderung zum Leutnant zur See; Verwendungen als Fernmeldeoffizier auf einem Zerstörer, Wachoffizier und Kommandant auf Schnellbooten, Ubootjagdoffizier auf einem Zerstörer, Ausbildungsoffizier auf dem SCHULSCHIFF DEUTSCHLAND, Referent im Führungsstab der Marine sowie Verwendungen als Divisions- und Erster Offizier auf der GORCH FOCK, 1987/1988 Teilnahme an erster Weltreise; seit Januar 1993 Kommandant. 1996/1997 Durchführung der bisher längsten Reise der GORCH FOCK; ab 1999 Verteidigungsattaché an der Deutschen Botschaft in Buenos Aires.

John Schamong

geb. 1951 in Köln; nach dem Abitur 1971 Eintritt in die Bundeswehr; Ausbildung zum Offizier u. a. auf GORCH FOCK und SCHULSCHIFF DEUTSCHLAND. Bordverwendungen als Fernmelde-, Operations- und Wachoffizier. Weitere Verwendungen als Chef und Personaloffizier in einem U-Boot-Geschwader und schließlich Adjutant des Befehlshabers der Flotte. Nach Admiralstabsausbildung in Paris an der Ecole Supérieure de Guerre Navale bis 1989 Einsatz als S 3 und Stellvertr. Kdr im 3. Schnellbootgeschwader, dann Personaloffizier der Schnellbootflottille; 1993–1995 Kdr des 5. Schnellbootgeschwaders. Seit 1996 auf GORCH FOCK, zunächst als 1. Offizier, seit September 1997 als Kommandant.